APRÈS LA MÉTAPHYSIQUE : AUGUSTIN ?

PUBLICATIONS DE L'INSTITUT D'ÉTUDES MÉDIÉVALES
DE L'INSTITUT CATHOLIQUE DE PARIS
Directeur : Alain de Libera

APRÈS LA MÉTAPHYSIQUE : AUGUSTIN ?

Actes du colloque inaugural
de l'Institut d'études médiévales
de l'Institut catholique de Paris
25 juin 2010

édités par
Alain de Libera

PARIS
LIBRAIRIE PHILOSOPHIQUE J. VRIN
6, place de la Sorbonne, Ve
—
2019

© *Librairie Philosophique J. VRIN*, 2013
Imprimé en France
ISBN : 978-2-7116-2424-9

www.vrin.fr

L'INSTITUT D'ÉTUDES MÉDIÉVALES
DE L'INSTITUT CATHOLIQUE DE PARIS

L'Institut d'études médiévales de l'Institut catholique de Paris a été fondé en 2010, le Pʳ Pierre-Alain Cahné étant recteur, et M. l'abbé François Bousquet, vice-recteur à la recherche. La direction en a été confiée à Alain de Libera, directeur d'études à l'École pratique des hautes études et professeur à l'université de Genève.

L'Institut a pour mission de favoriser la recherche interdisciplinaire sur le Moyen Âge, considéré dans une double continuité avec l'Antiquité tardive et l'Âge classique (le « long Moyen Âge ») selon la diversité des points de vue théologique, philosophique, historique, philologique, liturgique, juridique et exégétique. Situé au sein de l'Institut catholique de Paris, l'Institut d'études médiévales s'adresse également à la communauté des étudiants, en particulier aux doctorants, mais également à tous ceux qui s'intéressent à la période médiévale, en leur proposant trois sortes d'activités : un colloque annuel, un séminaire de recherche annuel et deux journées d'étude.

Le **Colloque annuel international** porte sur un thème général, destiné à permettre la confrontation de perspectives et de méthodes sur des questions historiques et/ou théoriques. Le premier colloque, intitulé *Après la Métaphysique : Augustin ?*, tenu le 25 juin 2010, inaugurait officiellement les activités de l'Institut. Un deuxième colloque, les 18 et 19 novembre 2011, consacré au *Beau et à la Beauté au Moyen Âge*, a permis de manifester pleinement les visées pluridisciplinaires de l'IEM.

Le troisième, le 30 novembre 2012, portait, dans le même esprit, sur Richesse et pauvreté au Moyen Âge.

Le **Séminaire annuel de recherche** a pour but de construire un dialogue scientifique entre les chercheurs de différents pays afin de présenter leurs travaux, de confronter leurs perspectives doctrinales et de se rencontrer à l'Institut catholique de Paris. Chaque année, un thème ou un auteur est choisi pour sa pertinence et son importance dans le domaine de la recherche médiévale. Il vise plus particulièrement à mettre en relation les domaines de la théologie et de la philosophie, en encourageant cependant également les perspectives historiques, littéraires ou juridiques. Le séminaire est ouvert aux chercheurs de l'ICP comme à ceux des universités publiques (professeurs et docto-rants) invités par les membres de l'Institut et les contributeurs du séminaire. En 2010-2011, le thème de travail était *Philosophie et théologie chez Jean Scot Érigène.* Il a réuni les plus grands spécia-listes internationaux (français, irlandais, anglais, américains), philosophes, théologiens ou historiens, du penseur carolingien. L'année 2011-2012 a été consacrée au *Concile de Vienne (1311-2011)*, en référence au huitième centenaire du concile, selon la même formule de séances mensuelles, donnant, chaque fois la parole à deux intervenants. Le thème de l'année 2011-2013 était *Guerre et violence au Moyen Âge.*

Enfin, l'Institut d'études médiévales a organisé cinq **Journées d'études.** La première, *Autour de Siger de Brabant*, en association avec l'université de Paris Ouest Nanterre-La Défense, codirigée par Jean-Baptiste Brenet et Alain de Libera, s'est tenue le 21 janvier 2011 ; la seconde, intitulée *Qu'est-ce que Dieu ? Le premier livre des* Sentences *de Pierre Lombard et ses commentaires au XIIIe siècle*, a réuni, le 17 mai 2011, des membres de la Commission Léonine et du Laboratoire de recherche de philosophie médiévale du *Theologicum* de l'Institut catholique de Paris, représentés respectivement par Adriano Oliva, o.p. (Paris, IRHT) et Gilles Berceville, o.p. *(Theologicum).* Pour l'année 2012-2013, l'IEM a organisé trois journées : *Participation et Vision de Dieu chez Nicolas de Cues* (20 janvier 2012) ; *Liturgie,* *pensée théologique et mentalités religieuses au haut Moyen Âge. Le témoignage des sources liturgiques* (11 mai 2012, en association avec l'Institut supérieur de liturgie de l'Institut catholique de Paris) ; *Pierre Lombard en ses Traditions* (30 mai 2012, avec le *Groupe de Recherche Pierre Lombard* de l'IEM).

L'Institut d'études médiévales est composé d'une direction, de membres ordinaires et de membres associés.

La direction est assurée par Alain de Libera, en collaboration avec deux assesseurs : Olivier Boulnois (EPHE) et Jean-Luc Marion, de l'Académie française (Université de Paris-IV-Sorbonne et Université de Chicago).

Isabelle Moulin (Faculté Notre-Dame-Collège des Bernardins / ICP) a la responsabilité du secrétariat scientifique et exécutif.

Tous les détails concernant les activités de l'IEM, ses membres, son agenda et ses publications sont accessibles sur le site www.icp.fr/fr/recherche/institut-d-etudes-medievales.

L'IEM s'est doté d'une page *Facebook*.

Plusieurs contributions aux colloques et journées d'études sont reprises sur *YouTube*.

AVANT-PROPOS

On trouvera ici les Actes du Colloque inaugural de l'Institut d'études médiévales de l'Institut catholique de Paris, tenu le 25 juin 2010 dans l'amphithéâtre Paul Ricoeur. Si la question directrice faisait clairement référence à la question du dépassement de la métaphysique, les chemins empruntés ont manifesté une grande diversité de points de vue sur le destin de la métaphysique elle-même, sa fin supposée ou contestée, son rapport à la théologie, la place d'Augustin dans ce dispositif, en amont ou au-delà des structures et des schèmes conceptuels de l'onto-théo-logie.

Le présent volume rassemble donc des textes d'orientation, de facture et de style bien différents, portant sur trois points d'articulation ou de tension forts entre philosophie et théologie : la question du rapport de l'ontologie (et du langage de l'être) ou, tout aussi bien, de l'ousiologie (et du langage de la substance) au mystère trinitaire, chez Augustin lui-même ou dans sa tradition interprétative ; la question de l'image ; celle de la finitude.

Faut-il arracher Augustin à la métaphysique ? En faire une lecture « postmétaphysique » ? Ou au contraire l'inscrire à nouveaux frais dans l'horizon repensé d'une « philosophie des Pères de l'Église » ? C'est le mystère trinitaire lui-même et la christologie qui reviennent ici, autour d'Augustin, questionner la métaphysique, son histoire et ses figures, de l'aristotélisme médiéval à la phénoménologie : d'Augustin à Heidegger, et retour.

En tant que directeur de l'Institut d'études médiévales (et convaincu, je l'avoue, que la métaphysique a encore devant elle un bel avenir), je remercie toutes celles et ceux qui ont rendu possible sa première manifestation : Pierre-Alain Cahné, alors recteur, qui a conçu le projet de l'IEM, François Bousquet, alors vice-recteur à la recherche, qui l'a porté, Isabelle Moulin, secrétaire scientifique et exécutive de l'IEM, qui le fait exister jour après jour.

Mes remerciements vont aussi naturellement aux membres ordinaires et associés de l'IEM qui ont donné au projet sa substance et sa dynamique intellectuelles ; aux intervenants, aux conférenciers et au public, qui ont donné à la journée du 25 juin sa pleine dimension d'échanges et de discussion ; à l'Institut catholique, enfin : sa direction actuelle – les pères Philippe Bordeyne, recteur, et Oliver Arthus, directeur du service de la recherche et des études doctorales – qui fait vivre le projet ; les enseignants qui y participent activement ; les étudiants, qui, où qu'ils soient, sont les premiers destinataires de nos travaux.

Le volume qu'on va lire inaugure la série des publications de l'IEM. Ce m'est un agréable devoir de remercier à cette occasion, outre l'Institut catholique, la Mairie de Paris, dont l'aide généreuse et régulière a été essentielle à l'ensemble de nos activités pédagogiques et éditoriales, ainsi que la maison Vrin, qui a bien voulu accueillir dans cette série nouvelle le produit de nos colloques, journées d'études et séminaires annuels. Je remercie, enfin, Dominique de Libera qui a mis en forme le manuscrit pour l'impression.

ALAIN DE LIBERA
Directeur de l'Institut d'études médiévales
de l'Institut catholique de Paris

AUGUSTIN ET LA QUESTION DU SUJET

ALAIN DE LIBERA

Augustin n'a pas posé la « question du sujet ». À ce titre, il est doublement vrai de dire avec Jean-Luc Marion que l'auteur des *Confessions* « *ne cherche pas un premier fondement dans un sujet*, qu'on l'entende comme un substrat ou comme un *ego* »[1]. Par là, l'évêque d'Hippone n'appartient pas à la métaphysique – *a fortiori* à une quelconque métaphysique de la subjectivité. S'il n'a pas posé la question, on pourrait être tenté de la lui poser. Ce serait de mauvaise méthode. Mais alors que faire ? S'agissant de son rapport à la philosophie et à la théologie, j'aimerais défendre et illustrer ici la thèse d'un « socle théologique de longue durée portant la réflexion sur la *personne* et le *sujet*, du Moyen Âge au XVIIIᵉ siècle ». S'il est vrai que, comme je l'ai soutenu ailleurs,

---

1. *Cf.* J.-L. Marion, *Au Lieu de soi. L'approche de saint Augustin*, Paris, PUF (Épiméthée), ²2008, p. 27 : « Il se pourrait que saint Augustin, qui ne pose pas la question de l'être, ni même celle de l'étant, qui ne nomme donc pas Dieu à partir de l'être, ni comme l'étant par excellence, qui ne parle pas le langage des catégories de l'étant, ni à partir de la première d'entre elles, l'*ousia*, qui ne s'enquiert pas d'un premier fondement, ni ne le cherche dans le moindre sujet (qu'on l'entende comme un substrat ou comme un *ego*), *n'appartienne pas à la métaphysique* ni explicitement ni implicitement. Il se pourrait aussi bien qu'*il n'appartienne* même *pas à la théologie*, au sens où, avec la plupart des Pères grecs, elle tente de parler *de* Dieu, des principes, de la création du monde, de la création de l'homme, de l'Incarnation, de l'Esprit saint, tout comme les philosophes grecs traitaient de la nature, de l'âme, du monde, des catégories, de la cité, et même du divin. » On sait ce qui, pour Marion, fait la singularité d'Augustin : il ne parle pas *de* Dieu ; il parle *à* Dieu. Sur ce point, *cf.* A. de Libera, « Au lieu de Dieu. Jean-Luc Marion lecteur de saint Augustin », *Revue de métaphysique et de morale*, juillet-septembre 2009/3, p. 391-419.

l'histoire du sujet est dans une large mesure issue d'une confrontation persistante et d'une complication croissante du rapport entre sujet, *hypokeimenon*, substance, *ousia*, hypostase, *hypostasis*, et personne, *prosôpon*, la question se pose de savoir quelle place exacte occupe Augustin dans ce dispositif. Cela veut dire, *ipso facto*, situer Augustin par rapport aux Pères grecs sur le double terrain de la théologie trinitaire et de la christologie.

Pères et conciles ont défini l'Incarnation comme l'union de deux natures, la divine et l'humaine, dans une seule personne – la personne divine du Fils, Verbe incarné –, les deux natures étant unies *hypostatiquement*, c'est-à-dire « dans l'hypostase » ou « le suppôt », « sans confusion ni séparation ». Professer l'union personnelle et hypostatique de deux natures implique une notion claire de la nature, de la personne et du suppôt, et un concept ou modèle précis de l'union. Le problème est que tous ces concepts sont des *échangeurs* : ils font communiquer des réseaux ; importent/exportent des schèmes de pensée ; travaillent, en les poussant à la limite, des modèles ou des paradigmes, du rapport forme/matière (hylémorphisme) au rapport tout/partie (méréologie). Aux yeux d'un moderne, ces mouvements se laissent d'autant mieux décrire que l'on accepte de recourir aux notions de *philosophie* et de *théologie*, comme toujours déjà constituées : venant de la philosophie (grecque), les concepts fondateurs passent par la théologie, qu'ils structurent et contribuent à édifier, pour retourner à la philosophie, qu'ils enrichissent en lui ouvrant de nouveaux territoires (dans l'Antiquité tardive, mais aussi du Moyen Âge à la Seconde Scolastique) : de l'ontologie des *Catégories*, qui les a vus naître, à la psychologie et à la philosophie de l'esprit, qu'ils contribuent à faire naître, les débats christologiques font avancer du même pas théologie de l'Incarnation et *Mind/Body* et *Mind/Soul problems*, en fonctionnant, *nolens volens*, comme autant de laboratoires d'anthropologie philosophique. Le même type d'interaction vaut pour la théologie trinitaire.

Ce que Wolfson a appelé « la philosophie des Pères de l'Église[2] » n'est en un sens que le déploiement théologique à la

2. H. Austryn Wolfson, *The Philosophy of the Church Fathers. Faith, Trinity, Incarnation*, Cambridge (USA) & London, Harvard University Press, 1956.

fois systématique – et heuristique en ces points que Foucault appelait « points d'hérésie » – des concepts utilisés par les disciples (Alexandre d'Aphrodise) ou les commentateurs (néoplatoniciens) d'Aristote (ou de Porphyre) : ὑπόστασις, l'hypostase, le *suppositum* latin, et πρόσωπον, la personne ; ὑπάρχειν, l'existence, le fait d'exister, d'« avoir hypostase » (*substantiam habere*, « avoir substance ») ou d'« être en hypostase » (ἐν ὑποστάσει) ; ἐνύπαρξις, l'immanence ou *in*-existence (« avoir ὑπόστασις ou ὕπαρξις dans » les particuliers signifiant « exister dans » les particuliers) ; περιχωρήσις, l'immanence mutuelle – tout cela est indissolublement philosophique et théologique, aux yeux de l'historien moderne, comme le sont les notions directement issues de l'univers des *Catégories* : substances premières (particulières), substances secondes (universelles), accidents particuliers et accidents universels, concepts de forme, de matière et de composé ; d'universel, de général, d'individu, de singulier et de particulier ; de tout et de partie ; de qualité, de disposition, et d'ayance *(habitus)* ; d'action et de passion. J'en passe.

Quelle est ici la place d'Augustin ? Il y a chez lui des paradigmes philosophiques : les théories aristotélicienne et stoïcienne du mélange – *union de prédominance* aristotélicienne, *mélange total* stoïcien – interviennent, par exemple (j'y reviendrai) dans sa méditation de la Trinité. Mais elles interviennent aussi bien dans sa méditation de l'Incarnation. Comment s'en étonner ? L'union du Verbe incarné est celle de deux natures ou essences, la divine et l'humaine en une seule et même hypostase ou personne, le mystère de la Trinité réside dans l'homoousie, la co-essentialité ou consubstantialité de trois hypostases ou personnes : les *mêmes* notions *diversement combinées*. Même si Augustin a mis en cause l'utilité de la doctrine des catégories, apprise probablement dans des manuels (comportant des schémas pédagogiques, qu'il se plaisait, adolescent, à tracer sur le sable des plages de Carthage)[3], même s'il n'est pas l'auteur

---

3. Augustin, *Confessions*, IV, XVI, 29, BA 13, p. 456-457, dit « avoir eu entre les mains, vers l'âge de vingt ans environ, un certain ouvrage d'Aristote qu'on appelle les *Dix Catégories* », puis il se demande « à quoi cela pouvait bien lui servir de les avoir lues seul et comprises », et d'insister : « À quoi cela me

des *Categoriae decem*, cette *Paraphrasis Themistiana*, que le Moyen Âge lui a longtemps attribuées[4], il n'y en a pas moins une doctrine augustinienne des catégories, reprise en grande partie par Boèce dans son *De Trinitate* et, plus largement, dans ce qu'on appelle ses « opuscules théologiques ». Sous cet angle, il se pourrait, pour paraphraser, mais en sens contraire, Jean-Luc Marion, que saint Augustin, qui a certes ignoré le nom de la métaphysique, autant que « son concept et son système », mais n'a pas ignoré la doctrine des catégories, *appartienne à la métaphysique*, et qu'il *appartienne* du même coup *à la théologie*, au sens où « avec la plupart des Pères grecs », il a « traité de l'Incarnation » « *comme* les philosophes grecs traitaient de l'âme » et, j'ajouterais, du corps, de l'union de l'âme et du corps. C'est l'hypothèse que je voudrais soumettre ici à la discussion, non pour réinscrire contre l'intitulé même de cette journée Augustin DANS *la* métaphysique, mais pour commencer, peut-être, à mieux cerner le domaine du *hors*-métaphysique, précédant la

---

servait-il, alors même que cela me desservait ? En effet, tu es, mon Dieu, un être admirablement simple et immuable, et moi, pensant que les dix prédicaments renfermaient absolument tout ce qui existe, je m'efforçais de te comprendre toi aussi comme si tu étais le sujet de ta grandeur et de ta beauté ; je voulais qu'elles fussent en toi comme dans un sujet, ainsi qu'il arrive pour les corps, alors que ta grandeur et ta beauté, c'est toi-même, tandis qu'un corps n'est pas grand ni beau en tant qu'il est un corps, car, fût-il moins grand ou moins beau, il n'en serait pas moins un corps. »

4. La question de savoir quelle traduction des *Catégories* Augustin pouvait lire reste discutée. *Cf.* Anthony Kenny, « Les *Catégories* chez les Pères de l'Église latins », *in* O. Bruun & L. Corti (éd.), *Les 'Catégories' et leur histoire*, Paris, Vrin, 2005, p. 126 : « Aucune source satisfaisante de la connaissance par Augustin des *Catégories* n'a [...] été proposée. » M. Frede souligne que toutes sortes de pseudo-*Catégories* (autrement dit, une « littérature tertiaire », faite de paraphrases grecques, dont seule la *Paraphrasis* traduite en latin nous est parvenue) ont existé dans l'Antiquité, que les Pères (grecs) ont peut-être, voire probablement, eues entre les mains. Le même raisonnement pouvant être étendu à Augustin, il est au moins possible que ce dernier n'ait jamais lu les *Catégories* elles-mêmes, mais une paraphrase *du genre* de la *Themistiana* – ce qui résoudrait la question de la traduction (tout en en posant une autre : celle du *compendium* dévoré « vers l'âge de vingt ans »). Sur ce point, *cf.* M. Frede, « Les *Catégories* d'Aristote et les Pères de l'Église grecs », *in* O. Bruun & L. Corti (éd.), *Les 'Catégories' ...*, p. 141-142.

distinction de philosophie et théologie, où, je n'en doute pas, nous attend l'auteur des *Confessions*.

Tout en étant conscient qu'un tel projet ne saurait être ici que grossièrement esquissé, j'aimerais le définir en ces termes : tenter d'inscrire Augustin dans ce que j'appellerai le « tournant *christo-anthropo-logique* » de la métaphysique, désignant par là un double mouvement : l'investissement du contenu de la foi par l'ontologie et la noétique philosophique ; l'essor de l'anthropologie philosophique sur une base christologique. Je voudrais ensuite montrer que ce qui est mis au point conceptuellement à propos du Christ – ne disons pas déjà : « en christologie » – se retrouve évidemment à propos de la sainte Trinité – ne disons pas déjà : « en théologie trinitaire », le tout, à savoir les deux séries d'éléments, se voyant transposé ou appliqué à propos de l'homme entendu comme sujet : sujet-agent, sujet de pensée, sujet de vouloir, et sujet d'affect.

Pareil programme supposerait de lire Augustin *avec* les Pères grecs. Donnant naissance à une métaphysique de l'Incarnation, l'implication mutuelle d'un allongement anthropologique du questionnaire christologique, d'une part, et d'une sécularisation de la christologie, d'autre part, voilà ce qu'idéalement, en termes inévitablement anachroniques, il faudrait être capable de décrire *in statu nascendi*. Cela voudrait dire suivre, dans leur intrication croissante, les applications de modèles philosophiques à l'univers des questions et réponses, articulées par les conciles, au sujet du Christ, et le transfert des données christologiques au problème anthropologique, en l'occurrence, et d'abord, à la question *Qu'est-ce que l'homme ?*

Trois *questions* articulent le double tournant christologique de l'anthropologie / anthropologique (ontique et psychologique) de la christologie :

    1.   le complexe théologique – unité de l'être, unité de la volonté, unité de l'opération dans le Christ (avec ses *points d'hérésie*, qui sont / ouvrent autant de domaines de recherche et d'investigation : monophysisme, monothélisme, mono-énergisme) – auquel répond le complexe anthropologique – unité de l'homme (âme et corps : l'actuel *Mind/body problem*) ;

2. la distorsion entre la volonté et le désir (avec comme paradigme, la « prière d'agonie », le refus de la coupe)[5] ;
3. le problème du sujet unique ou multiple de la sensation, du sentiment et de la pensée.

Une *solution*, si complexe et discutée soit-elle, au problème christologique, l'union hypostatique des deux natures, est transférée progressivement, en même temps que le problème, au domaine de l'anthropologie.

C'est cela qu'il faudrait tenter de suivre, et que je m'efforce de tracer dans mon travail sous le titre d'*Archéologie du sujet*[6].

En ce domaine, l'union de l'âme et du corps occupe un rôle absolument central. Car le transfert de la christologie à l'anthropologie suppose un autre transfert : celui du discours sur la nature de l'homme à celui de l'union des deux natures humaine et divine en l'homme Dieu. De fait, ce que j'appelle le « double tournant » christo-anthropo-logique se présente de deux manières moins opposées que complémentaires, voire impliquées l'une par l'autre : soit « l'union hypostatique illustre la manière dont l'âme humaine s'unit à l'organisme corporel[7] » ; soit l'union de l'âme et du corps illustre la manière dont la nature divine s'unit à la nature humaine dans la personne du Christ. En bien des circonstances, on passe d'un domaine à l'autre. Et sur chaque mer il faut naviguer entre deux écueils. S'agissant du Christ : entre nestorianisme et monophysisme – comme l'écrit U. von Balthasar, depuis Éphèse[8] et Chalcédoine, « l'accès du mystère

5. Voir Fr.-M. Léthel, *Théologie de l'agonie du Christ. La liberté humaine du Fils de Dieu et son importance sotériologique mises en lumière par saint Maxime Confesseur*, préf. de M.-J. Le Guillou, Paris, Beauchesne (Théologie historique, 52), 1979.

6. Particulièrement dans *Le Sujet de l'action*, à paraître chez Vrin.

7. G. Verbeke, « L'Anthropologie de Némésius », in *De natura hominis*, éd. G. Verbeke & J. R. Moncho, Leyde, Brill (*Corpus Latinorum commentariorum in Aristotelem Graecorum*, suppl. 1), 1975, p. LV.

8. Le Concile d'Éphèse (3e œcuménique) est marqué par la condamnation des thèses de Nestorius. La doctrine générale est formulée dans la *deuxième lettre de Cyrille d'Alexandrie à Nestorius* (1re session des cyrilliens, 22 juin 431), DS 250 (sur l'Incarnation du Fils de Dieu) : « Nous ne disons pas en effet que la nature du Verbe par suite d'une transformation est devenue chair, ni non plus qu'elle a été changée en un homme complet, composé d'une âme et d'un

est délimité, mais négativement » ; il ne peut se trouver qu'« entre les deux précipices qui le bordent à droite et à gauche [9] : Nestorius et Eutychès, la doctrine des deux personnes et celle d'une seule nature » [10]. S'agissant de l'homme : entre

corps, mais plutôt ceci : le Verbe, s'étant uni selon l'hypostase une chair animée d'une âme raisonnable, est devenu homme d'une manière indicible et incompréhensible et a reçu le titre de Fils d'homme, non par simple vouloir ou bon plaisir, ni non plus parce qu'il en aurait pris seulement le personnage ; et nous disons que différentes sont les natures rassemblées en une véritable unité, et que des deux il est résulté un seul Christ et un seul Fils, non que la différence des natures ait été supprimée par l'union, mais plutôt parce que la divinité et l'humanité ont formé pour nous l'unique Seigneur Christ et Fils par leur ineffable et indicible concours dans l'unité [...]. » Voir aussi les douze *anathèmes de Cyrille* (3e *Lettre à Nestorius*), principalement : [DS 252] 1. « Si quelqu'un ne confesse pas que l'Emmanuel est Dieu en vérité et que pour cette raison la Sainte Vierge est Mère de Dieu (car elle a engendré charnellement le Verbe de Dieu fait chair), qu'il soit anathème » ; [253] 2. « Si quelqu'un ne confesse pas que le Verbe issu du Dieu Père a été uni selon l'hypostase à la chair et qu'il est un unique Christ avec sa propre chair, c'est-à-dire le même tout à la fois Dieu et homme, qu'il soit anathème. » [254] 3. « Si quelqu'un, au sujet de l'unique Christ, divise les hypostases après l'union, les conjuguant selon la seule conjonction de la divinité, de la souveraineté ou de la puissance, et non plutôt par la rencontre selon une union physique, qu'il soit anathème. » [255] : 4. « Si quelqu'un répartit entre deux personnes ou hypostases les paroles contenues dans les Évangiles et les écrits des apôtres, qu'elles aient été prononcées par les saints sur le Christ ou par lui sur lui-même, et lui attribue les unes comme à un homme considéré séparément à part du Verbe issu de Dieu, et les autres au seul Verbe issu du Dieu Père parce qu'elles conviennent à Dieu, qu'il soit anathème. »

9. H. Urs von Balthasar, *Liturgie cosmique : Maxime le Confesseur*, trad. fr. par L. Lhaumet & H.-A. Prentout, Paris, Aubier (Théologie, 11), 1947, p. 153. L'original allemand, *Kosmische Liturgie : Das Weltbild Maximus des Bekenners*, dont la première édition date de 1941, a été republié dans une version entièrement remaniée en 1961 (Einsiedeln, Johannes Verlag).

10. Dans l'*Opuscule* II (PG, 20, trad. E. Ponsoye, *Maxime le Confesseur, Opuscules théologiques et polémiques*, Paris, Cerf, 1998, p. 129), Maxime oppose Nestorius (Charybde) et Sévère (Scylla) : Nestorius « ne connaît en Christ que la seule quantité des natures, sans reconnaître l'unicité de l'hypostase par synthèse à partir des natures ». [Il] « fait de la référence à une union vide un écran cachant la séparation radicale des natures ». Sévère « décrète l'unicité des natures au lieu de celle de l'hypostase. Ne voyant pas la quantité des natures, [il] fait de la vaine différence en qualité naturelle un écran masquant la confusion des natures ». Nestorius, « décrétant l'union des natures dans la

l'entéléchisme aristotélicien, qui assure l'unité de l'homme au prix de la substantialité de l'âme, et le dualisme platonicien, qui sauve la substantialité de l'âme, mais ruine l'unité de l'homme.

L'implication mutuelle des deux domaines, christologique et anthropologique, est l'*a priori* historique de l'archéologie du sujet. En termes de *complexes* ou d'*ensembles questions-réponses* collingwoodiens[11], on pourrait dire que tout se trame sur le couple de questions : Que suis-je ?/Qui suis-je ? – autrement dit sur la distinction heideggérienne entre *Washeit* (quiddité) et *Werheit* (quissité), appliquée au Christ, appliquée à l'homme, mais aussi bien au duo *What am I ?/Who am I ?* en tant qu'il ouvre l'ensemble du dispositif de l'identité de la personne dans la philosophie actuelle (pensons ici aux questionnaires de Rorty ou d'Olson[12], repris dans *La Quête de l'identité*). Un Christ *Dieu et homme*, combien cela fait-il ? Un homme *âme et corps*, combien cela fait-il ? Combien de *quoi* ? Combien de *qui* ? Si l'on préfère : Combien de natures ? Combien de sujets ? Combien de personnes ? Certains disent que Christ a deux natures, d'autres, qu'il n'en a qu'une (les uns, la divine, les autres, l'humaine). De la dualité des natures, certains passent à la dualité des sujets, et de là à celle des personnes. D'autres tiennent qu'il n'y a en Christ qu'une nature, qu'un sujet et qu'une personne. Pour les uns, la dualité des *quoi* implique celle des *qui* ; pour d'autres on

---

seule QUALITÉ GNOMIQUE », « nie l'hypostase une », « il n'accepte pas de dire que la rencontre de leur réalité se produit selon l'essence ». Ce dont il affirme l'union, ce sont des « motions de vouloir » (γνώμη), « non de nature », « comme s'il s'agissait d'une bonne entente entre deux personnes » (trad. p. 129, n. 1). Sévère, « parlant de différence réduite à la simple QUALITÉ NATURELLE après l'union, élimine » les natures unies « en niant la différence selon l'essence dans l'altérité naturelle de ces mêmes » natures « unies ». Bref, Nestorius « découvre l'union des qualités gnomiques dans la division des réalités de natures ». Sévère conçoit « la différence des qualités naturelles dans la confusion des réalités ».

11. Voir, sur ce point, la récente traduction de l'*Autobiography* de R. G. Collingwood : *Toute histoire est histoire d'une pensée. Autobiographie d'un philosophe archéologue*, trad. G. Le Gaufey, Paris, EPEL (Des sources), Paris, 2010, p. 128 - 130.

12. Voir E. T. Olson, « Personal Identity », *in* E. N. Zalta (éd.)., *The Stanford Encyclopedia of Philosophy (Spring 2007 Edition)*, cité et analysé dans *La Quête...*, p. 122-133.

peut être deux *quoi* et rester un *qui*. Il en va de même pour
l'homme : qu'est-il ? Deux choses ? Une seule ? Qu'est-ce qui est
lui ? Moi ? Combien de sujets en l'homme ?

Voilà les prémisses du questionnaire : on pourrait l'allonger
encore. Mais nous parlons ici d'Augustin. Quelle est sa place
dans ce dispositif ? Quel rôle y joue-t-il ?

On sait qu'Augustin a longuement polémiqué contre l'hérésie
apollinariste [13] – tantôt présentée comme ne laissant d'humain
au Christ que la possession d'une âme sensitive pour animer sa
chair : une forme christologique d'averroïsme (*Tract. In Ioannem*,
XXIII, 6, p. 371), tantôt comme lui refusant – ou plutôt comme
le délivrant – de tout esprit humain (*mens*) ou âme, pour ne lui
laisser que Verbe et chair (comme dans la *Question* 80, 1 ; BA 10,
p. 354-356). Cette polémique confirme l'importance du schème
théorique de l'union de l'âme et du corps dans le tournant
christo-anthropo-logique. Comme l'a bien montré Wolfson, les
Pères de l'Église, d'Hippolyte à Novatien, en passant par
Athanase et Tertullien, ont systématiquement mis en parallèle
la relation du Verbe incarné à l'humanité dans le Christ et la
relation de l'âme au corps dans l'homme, recourant chaque fois
à la même image platonicienne et paulienne du «vêtement»
(ἱμάτιον, ἔνδυμα, στολή, περιβολή, *ornatum, indumentum,
amictum, stola*) [14]. L'analogie *anthropologique* de l'union du Verbe
et de l'humanité dans le Christ à l'union de l'âme et du corps
(Mind/Body) dans l'homme est bien connue d'Augustin.

Dans le *Sermo* 186, 1, 1, il l'expose dans le langage de l'ÊTRE :

---

13. *Cf.*, sur ce point, *Naissance du sujet*, n. 48*, p. 388-393.
14. *Cf.* Références dans Wolfson, p. 368. Paul utilise le terme ἐπενδύσασ-
θαι (revêtu : 2 Cor. 5, 2), mais aussi : οἰκία (*maison* : 2 Cor 5, 1), σκῆνος
(*tabernacle* : 2 Cor 5, 1), ναός (*temple* : 1 Cor 3, 16 & 17 ; 1 Cor 6, 19 ; Jn 2, 21),
ἐσκήνωσεν («became flesh and *tabernacled* among us», Jn 1, 14 – à comparer à
la vulgate latine : *habitavit in nobis*, que Maître Eckhart, dans le *Commentaire à
l'Évangile de Jean*, § 118, adapte en *habituavit in nobis* : «il s'est fait habit/habitus
pour/en nous»). *Cf. ibid.* § 501, dans le même sens : «... *habitavit* in nobis, id
est *habitum fecit* in nobis et per consequens *habitaculum* nos sibi *fecit*»).

... de même que l'homme est âme et chair, de même le Christ serait Dieu et homme.

... quemadmodum homo est anima et caro, sic esset Christus Deus et homo [15].

Dans le *Tract. In Iohannem*, XIX, 15, il l'exprime dans le langage de l'AVOIR :

Le Fils de l'homme a une âme, il a un corps ; le Fils de Dieu, qui est le Verbe de Dieu, a un homme comme l'âme un corps. De même que l'âme ayant un corps ne fait pas [avec lui] deux personnes, mais un seul homme, de même le Verbe ayant un homme ne fait pas [avec lui] deux personnes, mais un seul Christ. Qu'est-ce que l'homme ? Une âme raisonnable ayant un corps. Qu'est-ce que le Christ ? Le Verbe de Dieu ayant un homme.

Filius hominis habet animam, habet corpus. Filius Dei, quod est Verbum Dei, habet hominem, tamquam anima corpus. Sicut anima habens corpus, non facit duas personas, sed unum hominem ; sic Verbum habens hominem, non facit duas personas, sed unum Christum. Quid est homo ? Anima rationalis habens corpus. Quid est Christus ? Verbum Dei habens hominem [16].

15. Sermo 186, 1, 1. Wolfson (p. 369) : « Just as man is soul and body so is Christ God and man. » Le texte complet du § est : « 1. Gaudeamus, fratres : laetentur et exsultent gentes. Istum diem nobis non sol iste visibilis, sed Creator ipsius invisibilis consecravit ; quando eum pro nobis visibilem factum, a quo invisibili et ipsa creata est, visceribus fecundis et genitalibus integris Virgo Mater effudit. Concipiens virgo, pariens virgo, virgo gravida, virgo feta, virgo perpetua. Quid miraris haec, o homo ? Deum sic nasci oportuit, quando esse dignatus est homo. Talem fecit illam, qui est factus ex illa. Antequam enim fieret, erat : et quia omnipotens erat, fieri potuit manens quod erat. Fecit sibi matrem, cum esset apud Patrem : et cum fieret ex matre, mansit in Patre. Quomodo Deus esse desisteret, cum homo esse coepit, qui genitrici suae praestitit ne desisteret virgo esse, cum peperit ? Proinde quod Verbum caro factum est, non Verbum in carnem pereundo cessit ; sed caro ad Verbum, ne ipsa periret, accessit : ut quemadmodum homo est anima et caro, sic esset Christus Deus et homo. Idem Deus qui homo, et qui Deus idem homo : non confusione naturae, sed unitate personae. Denique qui Filius Dei generanti est coaeternus semper ex Patre, idem filius hominis esse coepit ex Virgine. Ac sic et Filii divinitati est addita humanitas ; et tamen non est personarum facta quaternitas, sed permanet trinitas. »

16. Sur Augustin, *cf.* H.R. Drobner, *Person-Exegese und Christologie bei Augustinus : zur Herkunft der Formel Una Persona*, Leiden, Brill, 1986, p. 284. *In Iohannem*, XIX, 15 (CCL 36, p. 198, 7-199, 31) ; *Epist.* 137, 3, 11. Wolfson traduit (p. 368-

Chaque détail compte ici. Augustin ne dit pas que *l'homme a* [un] corps, mais que *l'âme a* [un] corps. Plus étonnant encore, il dit que le Verbe *a* [l']homme ou [un] homme : *Verbum habens hominem.* De quel type est cet *avoir* ? Le langage ordinaire accepte des expressions comme : « avoir un corps » – on dit facilement : «*j'ai* un corps », en considérant que cela équivaut à l'idée véhiculée par le possessif « mon » dans une formule comme « *mon* corps ». Certains disent au contraire : « *je suis* un/mon corps ». Le même partage vaut pour l'âme ou l'esprit. On peut dire : « *j'ai* une âme » (ou un esprit) ou « *je suis* mon âme » (ou mon esprit). Je suis mon âme. Mon âme a un corps. J'ai un corps. En posant à la fois que le Fils de l'homme a une âme et un corps et que, précisément, cette âme a ce corps, Augustin ne veut pas seulement suggérer que le Fils de Dieu a deux natures, la divine et l'humaine, et que la divine *a* l'humaine, mais bien aussi et d'abord que le Verbe *a* un homme. *Quid est Christus ? Verbum Dei habens hominem.*

S'il est une question métaphysique que peut goûter un historien du supposé « problème des universaux », c'est bien celle de savoir ce que peut vouloir dire pour Augustin « avoir homme » ou « un homme », *habere hominem. Avoir un homme (au plus)* tombant sous son concept ? Ce serait la version frégéenne de la réponse à la question *Quid est Christus ?* – Laquelle, notons-le, n'est pas *Quis est Christus ?* toutes deux, au demeurant, attestées chez Augustin (et sans doute coréférentielles, si l'on admet que dans le Christ, et dans le Christ seul, quiddité et quissité renvoient nécessairement au même). *Qu'est-ce qui tombe* et *Qui tombe* sous le concept de Christ ? Mais précisément Christ n'est pas un universel. Comme le dira explicitement Jean de Damas : Jésus le Christ n'est pas un individu rangé dans une espèce, l'espèce Christ, car il n'y a pas de prédicat/prédicable (universel) « christité » ou « christitude » (Ἐκεῖ μέν γάρ ἄτομον, ὁ δέ Χριστός οὐκ ἄτομον· οὐδέ γάρ ἔχει κατηγορούμενον εἶδος χρηστότητος). Comment entendre, dans ces conditions, la réponse d'Augustin au *Quid est Christus ?* – *Verbum Dei* HABENS HOMINEM ?

---

369) : « The Son of God, which is the Word of God, has man, as the soul has body [...]. What is man ? A rational soul having a body. What is Christ ? The Word of God having man. »

En relisant la Question 73 à Orose. Ce texte propose une remarquable exégèse de Philippiens 2, 7 : « mais il s'est anéanti lui-même, en prenant la condition d'esclave, en se rendant semblable aux hommes, *et reconnu pour homme par tout ce qui a paru de lui* ». Rien de métaphysique ici, dira-t-on. Mais la question posée est en latin, et elle s'énonce : « De eo quod scriptum est : *Et habitu inventus ut homo* », correspondant à « sed semet ipsum exinanivit formam servi accipiens in similitudinem hominum factus *et habitu inventus ut homo* » (ἀλλὰ ἑαυτὸν ἐκένωσεν μορφὴν δούλου λαβών, ἐν ὁμοιώματι ἀνθρώπων γενόμενος· καὶ σχήματι εὑρεθεὶς ὡς ἄνθρωπος). De ce fait, la question 73 est une analyse de la notion philosophique d'*habitus* destinée à expliquer l'assomption de la nature humaine par le Verbe « *habitu* ». S'appuyant sur trois cas, l'acquisition d'une science, *habitus animi*, la vigueur physique, *habitus corporis*, le port d'une arme ou d'un vêtement, *habitus* corporel extrinsèque, Augustin définit en général l'habitus comme une ayance ou un avoir qui nous échoit à titre accidentel : *Habitus ergo in ea re dicitur, quae nobis ut habeatur accidit* (à la torture, la BA traduit : « On parle donc d'habitus pour telle chose qui, pour que nous l'ayons, nous est surajoutée : *accidit* »). Puis, étant entendu que tout habitus nous *arrive accidentellement* Augustin met en place une combinatoire, distinguant :

1. les habitus qui, en nous arrivant, ne sont pas changés par nous, mais au contraire nous changent en eux (demeurant eux-mêmes entiers et immuables), comme la sagesse, qui d'arriver à l'homme ne subit pas de changement, mais au contraire le change lui, qui de sot devient sage ;

2. les habitus qui, en nous arrivant, à la fois nous changent et sont changés par nous, comme les aliments ;

3. ceux qui ne peuvent devenir habitus qu'à condition d'être changés, comme les habits, qui perdent leur forme quand on les ôte et prennent celle du corps quand on les revêt (leur *forme*, et non leur « formalité » [*sic !*] comme le traduit la BA) [17] ;

---

17. Le francophone notera que, contrairement à ce que suggère le langage ordinaire, celui qui change de vêtements ne *se change pas* : c'est le vêtement, l'habit, qui change, en l'occurrence, en épousant la forme de celui qui le porte.

4. ce qui pour devenir habitus n'aurait ni à changer ni à être changé par ce à quoi il « arriverait », tel l'anneau par rapport au doigt (une classe qu'Augustin n'évoque que pour la complétude du dispositif onto-logique).

En endossant, « recevant » ou assumant, *suscipiendo*, « un vrai homme », *verum hominem*, le divin « receveur », *ipse susceptor*, « ne s'est pas converti ou transmué en homme », « il n'a rien perdu de son immuable stabilité », mais « s'étant rendu semblable aux hommes », « il a été reconnu pour homme », « non par lui-même, mais par ceux à qui il est apparu dans un homme » (« *non sibi sed eis quibus in homine apparuit* »), et il a été « trouvé » ou « reconnu comme homme par l'*habitus*, c'est-à-dire *en ayant* un homme » : « *et habitu inventus est ut homo*, id est, HABENDO HOMINEM *inventus est ut homo* ».

La question est : de quel type est cet avoir ? Pas du premier type, car il est faux que la nature humaine demeurant elle-même ait changé la nature de Dieu ; pas du deuxième, car il n'est pas vrai qu'à la fois l'homme a changé Dieu et a été changé par lui ; ni du quatrième, car il est faux que l'homme a été assumé d'une façon telle qu'il n'ait ni changé Dieu ni n'ait été changé par lui. De fait, l'homme a été changé par Dieu, sans le changer lui-même. L'homme assumé est un *habitus* du troisième type : en étant *assumé*, il a été « changé en mieux » (« *sic enim assumptus est, ut commutaretur in melius* »), il a reçu du Verbe une « forme ineffablement plus parfaite et étroitement unie à lui » (« *ineffabiliter excellentius atque coniunctius* ») que tout habit revêtu par un homme. Grâce au mot *habitus* Paul a bien marqué en quel sens le Verbe « s'est rendu semblable aux hommes » : il ne s'est pas transfiguré en homme, il n'a pas non plus pris habit d'homme, il a pris l'homme en habit, l'a revêtu, pour se l'associer, en s'unissant à lui et le conformant en quelque façon à l'immortalité et à l'éternité (« quia non transfiguratione in hominem, sed habitu factus est, cum *indutus est hominem* quem sibi uniens quodammodo atque *conformans immortalitati aeternitatique* sociaret »). Et Augustin de conclure, en philosophe et en théologien. L'homme n'est pas une propriété dispositionnelle, une disposition du Verbe, comme la sagesse ou un savoir est une disposition de l'âme, ce que les Grecs appellent une ἕξις. Il a le statut de l'habit ou de l'équipement *(vestitum vel armatum)*, ce que les Grecs appellent σχῆμα. C'est bien pourquoi, conclut Augustin, les exemplaires grecs de l'Épître de Paul ont le mot σχήματι, pour lequel nos textes latins donnent *habitus*. Le mot, qu'il soit grec ou latin, nous donne à entendre que, quelque étroite ait été, en l'occurrence, l'ineffable union de l'homme assumé au Verbe qui l'assumait, le Verbe n'a pas été changé en prenant sur lui l'homme, pas plus que les membres ne changent une fois vêtus. C'est pour bien faire comprendre que Dieu n'a rien pris en lui de l'humaine fragilité en assumant l'homme, que le grec σχῆμα et le latin *habitus* ont été choisis pour dire cette *susceptio*. Avoir homme, *habere hominem*, c'est prendre forme humaine en conformant la forme d'homme à la forme du Verbe.

La Question 73 est la source de la théorie dite *de l'habitus* (ou *clothing-theory*, dans l'historiographie anglophone), présentée par Pierre Lombard comme la troisième théorie de l'Incarnation – qu'on attribue aujourd'hui à quelques élèves d'Abélard, après sa condamnation, et qui est en général âprement critiquée :

> Tertia est eorum qui non solum personam ex naturis compositam negant, sed etiam aliquem hominem vel aliquam substantiam ibi ex anima et carne compositam diffitentur ; et sic illa duo, scilicet animam et carnem, Verbo unita dicunt, *ut non ex illis aliqua substantia vel persona componeretur, sed illis duobus velut indumento Deus vestiretur ut mortalibus oculis appareret : qui rationem incarnationis secundum habitum accipiunt* [18].

18. P. Lombard, *Sent.* III, 6, 4, § 1, 3 (II, p. 55) ; trad. R. Cross, p. 31 : « There are some who in the Incarnation of the Word [...] say that two, namely body and soul, are united to the person of nature of the Word such that there is no nature or person made or composed of those or from these three (viz. body, soul, and divinity), but rather that the Word of God was vested with those two as a clothing, so that he should appropriately appear to the eyes of mortals [...] They say that God was made man by clothing (habitus). » Sur le problème, *cf.* L.O. Nielsen, *Theology and Philosophy in the Twelfth Century*, Leiden, E.J. Brill (Acta Theologica Danica, 15), p. 231-242 ; M. Colish, *Peter Lombard*, Leiden-New York, Cologne, Brill (Brill's Studies in Intellectual History, 41), 1994, t. I, p. 408-412 ; R. Cross, *The Metaphysics of the Incarnation. Thomas Aquinas to Duns Scotus*, Oxford, OUP, 2002 , p. 30-31. Sur la christologie du Lombard, *cf.* Colish, p. 417-438 ; Luscombe, *The School of Peter Abelard*, p. 267-274 ; Nielsen, *Theology and Philosophy*, p. 243-279.

La même thèse est exposée dans la Lettre 137, du point de vue *christo-anthropo-logique*, c'est-à-dire à la fois pour exprimer l'union des deux natures dans la personne du Christ et l'union de l'âme et du corps dans la personne de l'homme. S'y ajoute une idée nouvelle, celle du mélange, héritée à la fois d'Aristote et des stoïciens. Il y a ce que nous éprouvons en nous-même : le mélange de l'âme et du corps, *permixtio animae et corporis*, autrement dit d'une chose incorporelle et d'une chose corporelle, et ce à quoi nous croyons, sans en pouvoir faire l'expérience en nous-même : la *permixtio* du Verbe avec un homme, autrement dit avec *une âme ayant un corps*. Bien que beaucoup d'interprètes, y compris médiévaux, s'y soient trompés, c'est là la meilleure réfutation de l'hérésie d'Apollinaire : si la personne de l'homme c'est le mélange, *mixtura*, d'une âme et d'un corps, la personne du Christ c'est le mélange, *mixtura*, de Dieu et de l'homme. Or un homme c'est une âme qui a un corps, *anima corpus habens*. Donc lorsque le Verbe de Dieu s'est mélangé/uni à un homme, il s'est mélangé/uni à une âme ayant un corps, il a donc *pris à la fois une âme et un corps*. On a ici non seulement une application totale de l'analogie âme/corps//Verbe/homme, mais encore une reprise des théories philosophiques du mélange élaborées par Aristote, les stoïciens, Alexandre et Porphyre[19]. Augustin

19. Chez les Pères grecs les questions de l'unité de l'homme et de l'union de l'âme et du corps se posent dans un cadre théorique précis, déterminé par la distinction de quatre niveaux d'unité ou union (ἕνωσις) correspondant à quatre types hiérarchisés de mélanges : παράθεσις, μίξις, κρᾶσις, σύγχυσις. Aloys Grillmeier a bien caractérisé chacun de ces types hérités des « philosophes » : 1. la παράθεσις ou *compositio* (juxtaposition) est la forme d'unification que l'on trouve dans « un tas de grains de sable » ou « un rassemblement d'hommes (armée, chœur) » ; 2. la μίξις ou *mixtio* (combinaison) concerne « les qualités pensées corporellement qui pénètrent un corps » : le feu dans le fer chauffé à blanc ; la lumière emplissant l'air ; 3. la κρᾶσις ou *mixtura* (mélange) : les mélanges de liquides (par exemple : eau-vin), quand « les éléments gardent leurs qualités originelles », tout en « s'affaiblissant visiblement l'un l'autre lors de la connexion » (par exemple, « lorsque l'on verse des liquides différents pour produire un parfum particulier ») ; 4. la σύγχυσις ou *concretio* ou *confusio* : c'est le « niveau le plus intense de l'union ». « De deux substances données, une troisième est créée, ayant des propriétés totalement nouvelles. Par exemple : des médicaments ». Comme le montre bien le même Grillmeier, ce dispositif

distingue trois mélanges : entre deux corps, par exemple deux liquides : le vin et l'eau ; entre un corps et un incorporel : le corps humain et l'âme humaine ; entre deux incorporels : le Verbe divin et une *âme humaine ayant un corps*. Il souligne qu'il y a deux sortes de mélanges entre corps : celui des liquides, où aucun des deux ne conserve son intégrité – la κρᾶσις ; celui de l'air et de la lumière, la μίξις ou *mixtio*, où la lumière ne subit pas de corruption en emplissant l'air. Tel est aussi le cas du Verbe uni à l'homme : sa *mixtio* ou *mixtura* avec l'homme est un mélange de deux incorporels, qui laisse le Verbe inchangé.

Il serait passionnant de tracer ici chacune des thèses de la Lettre 137, qui donne tout son sens à l'analogie anthropologique mise en place dans le *Tract. In Iohannem*, XIX, 15 : *Quid est homo ? Anima rationalis habens corpus. Quid est Christus ? Verbum Dei habens hominem*, et au rejet du nestorianisme qu'elle met en œuvre : « De même que l'âme ayant un corps ne fait pas deux personnes, mais un seul homme, de même le Verbe ayant un homme ne fait pas deux personnes, mais un seul Christ ». Pour Wolfson [20], Augustin reprend, en l'espèce de l'union de l'air et

---

quadripartite est hérité des *Symmikta Zetemata* de Porphyre, tout particulière-ment du ζήτημα *Sur l'union de l'âme et du corps*. *Cf.* A. Grillmeier, *Le Christ dans la tradition chrétienne*. II/2 : *L'Église de Constantinople au* vi*e siècle*, trad. de l'all. par sœur Pascale-Dominique, Paris, Éd. du Cerf, 1993, p. 277, et 64-65 (sur Sévère d'Antioche). Le point a son importance, étant donnée l'influence du ζήτημα sur Augustin, évoquée ici même. Ajoutons que c'est également au ζήτημα que l'on doit le passage anti-attributiviste du *De immortalitate animae* (10.17, BA 5, p. 200-201), où Augustin montre que si l'âme était dans le corps comme dans un sujet, elle en serait inséparable – ce qui n'est pas le cas. Voir A. de Libera, *Naissance du sujet*, Paris, Vrin, ¹2007, p. 252-253 et l'article pionnier de J. Pépin, « Une nouvelle source de saint Augustin : le ζήτημα de Porphyre *Sur l'union de l'âme et du corps* », in *'Ex platonicorum persona'. Études sur les lectures philosophiques de saint Augustin*, Amsterdam, Adolf M. Hakkert, 1977, p. 240-242. Sur la théorie aristotélicienne de la μίξις, *cf.* M. Rashed. « Introduction » à Aristote, *De la Génération et la corruption*, texte et trad., Paris, Les Belles Lettres (CUF), 2005, p. cxv-cxxx.

20. Selon Wolfson, p. 399, le passage « undoubtedly reflects influences of Aristotle and the Stoics and Alexander. In the first part, the statement that "It is usual for two fluids to be so commixed *(commisceri)* that neither preserves its original character" quite clearly reflects the Aristotelian use of the term "mixture" as that in which the resultant is a tertium quid. In the

de la lumière, le type aristotélicien d'union par « prédominance » qu'Alexandre oppose à la thèse stoïcienne du mélange total[21]. Mais on peut aller plus loin en s'appuyant sur le témoignage de Némésius d'Émèse. Pour dire les choses rondement : sur le plan

---

second part, the statement that "light remains incorrupt when mixed with air", despite its use of the term "mixed", reflects Alexander's argument against the Stoics that "fire" and "iron", and for that matter also "light" and "air", do not form a "mixture" but rather a "predominance"[20], in which the stronger element, such as "light", remains unchanged, and only the weaker element, such as "air" undergoes a change ». Et de poursuivre : « By the same token, we may assume that it is "predominance" that Augustine had in mind when in another place he says that "man was united, and in some sense commixed "commixtus", with the Word of God, so as to be one person ». Wolfson pense ici à *De Trin.* IV, xx, 30 ; BA 15, p. 416-417 : « Verbo itaque Dei ad unitatem personae copulatus, et quodam modo commixtus est homo cum veniente plenitudine temporis missus est in hunc mundum factus ex femina Filius Dei, ut esset et Filius hominis propter filios hominum » (« Ainsi, au Verbe de Dieu l'homme s'est trouvé accouplé, mêlé en quelque sorte, dans l'unité de personne, lorsque, la plénitude des temps venue, le Fils de Dieu, né d'une femme pour devenir fils de l'homme au bénéfice des fils des hommes a été envoyé en ce monde »).

21. Cf. *De mixtione*, éd. I. Bruns, in *Alexandri Aphrodisiensis praeter Commentaria Scripta minora. De fato. De mixtione*, CAG, *Supplementum*, II, 2, Berlin, Reimer, 1892, p. 222, 35-223, 6 : ἀλλ' οὐδὲ τὸ πῦρ τῷ σιδήρῳ, καθά φασι, μίγνυται, ὥσπερ οὐδὲ τοῖς χυμοῖς οὐδὲ τοῖς ξύλοις. ὅλως γὰρ ἄτοπον τὴν ὕλην τῷ εἴδει μίγνυσθαι λέγειν. ὕλη δὲ πυρὸς τὰ καιόμενά τε καὶ πεπυρωμένα πάντα, ἀλλ' ἡ μὲν ἄφθαρτος, ἡ δ' οὔ. διὸ καὶ μέχρι πολλοῦ σβεννύμενά τινα ταὐτὸ εἶδος τῷ ἐξ ἀρχῆς δύναται φυλάττειν, οὐ μὴν ἀμείωτα πάντῃ· καὶ γὰρ τούτων ὑπὸ τοῦ πυρὸς ἀναλίσκεταί τι καὶ φθείρεται. διὸ καὶ ταῦτα χρονίζοντα ἐν αὐτῷ πλέον ἀπόλλυταί τε καὶ τοῦ οἰκείου εἴδους ἐξίσταται (trad. Wolfson, p. 384 : « But fire is not mixed with iron, as they say, just as it is not mixed with liquids and pieces of wood, for it would be altogether absurd to say that matter is mixed with form, for all things which are combustible and burned are matter to fire, but this matter is partly imperishable and partly not, for to a great extent some things which are extinguished are able to preserve the same form which they originally had, but not altogether undiminished, for some of this is destroyed and consumed by the fire, since when it remains in it, it largely departs from its proper form »). Sur la thèse stoïcienne, *cf.* B. Collette-Ducic & S. Delcomminette, « La théorie stoïcienne du mélange total », *Revue de philosophie ancienne*, XXIV/2 (2006), p. 5-60 et D. Cohen, « Aperçu de la réception de la doctrine stoïcienne du mélange total dans le néoplatonisme après Plotin », *ibid.*, p. 67-100.

anthropo-logique Augustin et Némésius ont la même source – le ζήτημα de Porphyre *Sur l'union de l'âme et du corps*. Il s'agit du célèbre passage des *Questions variées* écrit par Porphyre « contre le Christ », que Némésius retourne contre les Grecs « qui ne veulent point admettre l'union de Dieu avec l'homme » (selon la tactique voulant que *le témoignage des adversaires contre eux-mêmes soit le plus efficace*). Chacune des thèses de Porphyre, non moins que l'usage qu'en fait Némésius, se retrouve chez Augustin :

> *Porphyre* : une substance peut devenir le complément[22] d'une autre substance ;
> elle fait alors partie de cette autre substance, sans changer elle-même de nature ;
> en devenant le complément de cette substance, elle ne fait qu'un avec elle, en conservant elle-même son unité.

22. Concernant le terme συμπλήρωσις, Verbeke, « L'anthropologie... », p. LIX, n. 131 : « Le terme συμπλήρωσις (*impletio*) semble être une nouvelle forme de la ἕνωσις d'Ammonius, élaborée par Porphyre », qui s'inspire de Plotin, *Ennéades*, II, 6 [17], 1 (p. 387 : « Le mouvement est [...] être par accident (Κίνησις μὲν οὖν κατὰ συμβεβηκὸς ὄν) ; mais est-ce qu'il est réalité par accident (οὐσία δὲ ἆρα κατὰ συμβεβηκός) ou est-ce qu'il est le *complément* de la réalité (ἢ συμπληρωτικὸν οὐσίας) ? » ; *cf.*, en outre, VI, 2 [43], 14 (trad. L. Brisson, *Traités 42-44*, Paris, 2008, p. 171 : « ... que la réalité particulière [...] trouve son *complément* dans une qualité... » ; VI, 3 [44], 15 (Brisson, p. 219, qui évoque à nouveau le « complément de la réalité ») ; VI, 7 [38], 16, 31 (dans une longue séquence allant de 16, 24 à 35), *Traités 38-41*, trad. F. Fronterotta, Paris, 2007, p. 68-69 : « De même que le soleil, qui est [25] pour les choses sensibles la cause qui permet qu'elles soient vues et qu'elles soient engendrées, est d'une certaine manière aussi la cause de la vue – sans pour autant coïncider ni avec la vue ni avec les choses engendrées –, de même, le Bien, qui est la cause de la réalité et de l'Intellect, est par analogie la lumière pour les réalités visibles de là-bas et pour celui qui les voit, sans coïncider pour autant ni avec les êtres ni avec l'Intellect, mais il est leur cause, [30] dans la mesure où il fournit par sa lumière aux êtres comme à l'Intellect la faculté de penser et d'être pensés. C'est donc *en se remplissant* qu'il est devenu Intellect et qu'*une fois rempli* il est Intellect, et c'est en même temps qu'il a atteint la perfection et s'est mis à voir. Son principe c'est le Bien qui existait avant qu'il ne soit *rempli*, et qui est un principe différent de lui : il le *remplissait* pour ainsi dire de l'extérieur et c'est de lui qu'il recevait en quelque sorte son caractère *en* [35] *se remplissant*. »

sans éprouver elle-même de modification, elle modifie, par sa présence, les choses dans lesquelles elle se trouve, et les tourne à son profit [23].

Némésius : Ce qu'il [Porphyre] dit au sujet de l'union de l'âme et du corps vaut *a fortiori* pour celle des deux natures : mais si ce raisonnement est vrai pour l'âme, parce qu'elle n'est pas corporelle, il l'est bien plus encore pour le Verbe divin, qui est plus essentiellement simple et incorporel [24].

La thèse de Némésius est que la partie dominante en l'homme, l'âme, fait l'unité de l'homme. L'âme *domine* le corps, elle le « maîtrise » – le « régit », diront certains médiévaux. Dès lors, et sans paradoxe, on peut dire que *l'unité de l'homme consiste dans l'âme*, qui domine en lui, dans la mesure où elle domine son corps, sans être dominée ni régie par lui. C'est cette réduction métonymique de l'unité à l'unifiant qu'autorise le type de mélange illustré, dans le domaine des corps, par l'union de la lumière à l'air.

On ne sait jusqu'où il faut pousser le parallèle entre Augustin et Némésius pour cause de source commune. Tout ce que l'on peut dire ici est que, comme Augustin, Némésius n'accorde finalement qu'une valeur limitée au paradigme de l'air et de la

---

23. Verbeke-Moncho, p. 56, 16-22 : « Si non renuitis igitur sed suscipitis substantiam, coassumpta alia substantia, non manentem autem secundum sui ipsius naturam postquam complevit aliam substantiam, et cum alio genitam et quod secundum se ipsam unum conservantem, et quod maius est, ipsam quidem non versam, vertentem autem illa in quibus utique genita sit ad sui ipsius actum praesentia » (οὐκ ἀπογνωστέον οὖν ἐνδέχεσθαί τινα οὐσίαν παραληφθῆναι εἰς συμπλήρωσιν ἑτέρας οὐσίας καὶ εἶναι μέρος οὐσίας μένουσαν κατὰ τὴν ἑαυτῆς φύσιν μετὰ τὸ συμπληροῦν ἄλλην οὐσίαν, ἔν τε σὺν ἄλλῳ γενομένην καὶ τὸ καθ' ἑαυτὸν ἓν διασώζουσαν, καὶ τὸ μεῖζον αὐτὴν μὲν μὴ τρεπομένην, τρέπουσαν δὲ ἐκεῖνα ἐν οἷς ἂν γίγνηται εἰς τὴν ἑαυτῆς ἐνέργειαν τῇ παρουσίᾳ).

24. Verbeke-Moncho, p. 56, 22-25 : « Dicit autem haec de unitione animae Dei verbi et corporis. Si autem in anima verus est hic sermo propter incorporeum, multo plus in Deo Verbo qui magis et incomparabiliter secundum veritatem est incorporeus » (Λέγει δὲ ταῦτα περὶ τῆς ἑνώσεως τῆς ψυχῆς καὶ τοῦ σώματος. Εἰ δὲ ἐπὶ τῆς ψυχῆς ἀληθές ὁ λόγος διὰ τὸ ἀσώματον, πολλῷ πλεῖον ἐπὶ τοῦ θεοῦ λόγου, τοῦ μᾶλλον ἀσυγκρίτως καὶ κατὰ ἀλήθειαν ὄντος ἀσωμάτου).

lumière : de fait, tout en étant présente elle-même en tout ce qu'elle illumine, la lumière est circonscrite à un lieu précis, comme le feu, qui réchauffe par son incandescence, est immanent au bois ou à l'étoupe. L'âme, au contraire, est véritablement omniprésente : elle-même partout, et partout elle-même – « *tota per totum incedit* » traduit Burgundio. Ce mode d'immanence, exprimant la prééminence de l'âme sur le corps, nous est familier : c'est le holenmérisme de Henry More[25], réglé par le principe TTTP, « tout entier en tout, tout entier en chaque partie » *(totus/tota in toto, totus/tota in parte)*. L'âme qui n'est ni *tenue par le corps* ni *contenue en lui* (c'est *le corps qui*, selon une formule qui fera date, *est tenu par elle* et *est contenu en elle*[26])

25. Sur le *Holenmerism* (ou *Holenmerianism*), Augustin, Plotin et Henry More, *cf.* A. de Libera, *La Quête de l'identité*, Paris, Vrin, ¹2008, n. 4*, p. 438-445. Une analyse holenmériste comporte deux principes, ou formules, usuels, que je propose de noter : TTPP *(totus/tota in toto et pars in parte)*, pour une entité présente tout entière dans un tout et partiellement dans chaque partie ; TTTP *(totus/tota in toto et totus/tota in qualibet parte)*, pour une entité présente tout entière dans un tout et tout entière dans chacune de ses parties.

26. La thèse selon laquelle le corps est dans l'âme, plutôt que l'âme dans le corps, remonte à Plotin, *Ennéades*, IV, 3 [27], 22, 1-10 [spéc. 7-10] ; GF, p. 98 (où l'on retrouve *l'exemple de l'air et de la lumière*) : « Ne faut-il donc pas dire que, quand l'âme est présente dans le corps, elle y est présente comme le feu est présent dans l'air ? Car pour sa part le feu est lui aussi présent sans être présent ; même si le feu pénètre l'air de toute part, il n'y est en rien mélangé et il reste lui-même immobile, alors que l'air s'écoule. Et quand l'air quitte [5] l'endroit où se trouve la lumière, il s'en va sans rien en retenir ; en revanche, tant qu'il est sous la lumière, il est éclairé, en sorte que l'on a raison de dire là aussi que l'air est dans la lumière, plutôt que la lumière dans l'air. Voilà pourquoi Platon a raison, s'agissant de l'univers, de mettre non pas l'âme dans le corps, mais le corps dans l'âme, et de dire aussi [10] qu'il y a une partie de l'âme dans laquelle se trouve le corps, et une partie dans laquelle ne se trouve pas de corps, car de toute évidence il est des facultés de l'âme dont le corps n'a pas besoin. » [GF 1203, Plotin, *Traités 27-29, Sur les difficultés relatives à l'âme*, Paris, 2005, p. 237, n. 414 : « Les activités supérieures de l'âme n'impliquent aucun point d'attache avec le corps, comme c'est le cas pour les sens »]. Pour Platon, *cf. Timée*, 34b4, 36d9-e3 (cité dans IV, 7 [2], 4, 7 ; V, 5 [32], 9, 29-30.) Sur tout cela, *cf.* L. Brisson, GF, p. 237, n. 410 : « Le feu peut être présent dans l'air sous forme de chaleur ou de lumière. C'est la deuxième image que Plotin choisit pour illustrer l'union de l'âme avec le corps. Entre la lumière et l'air il y a coalescence et non mélange à proprement parler. À la limite, on peut aussi

est présente à tout (le corps) parce qu'elle n'est circonscrite par rien (dans le corps ou du corps). En un sens, elle est coextensive à tout le corps sans être ni corporelle ni étendue (ou divisible, ou partitionnable) ; présente partout, parce que contenue en rien. Ce thème plotinien, comme l'était déjà l'identification de l'homme à son âme, se retrouverait chez Augustin jusque dans son analyse de la douleur en *De immortalitate animae* 6.25 et *De Trinitate*, VI, VI, 8, d'après *Ennéades*, IV, 2 [4], 2, 5-9 [27].

On peut ajouter à cela un autre passage crucial de Plotin, *Traité* 2 [IV, 7], 8 [2], qui ne constitue rien de moins qu'une preuve de l'incorporéité de l'âme par l'impossibilité de la κρᾶσις au sens stoïcien de mélange total :

> Donc il n'est pas possible qu'un corps tout entier se répande totalement à travers <un corps>. Or l'âme le fait totalement. Elle est donc incorporelle (l. 20-22).

Comme le remarque J. Lacrosse, chez Plotin, l'impossibilité de la théorie stoïcienne du mélange est « utilisée contre le postulat, stoïcien lui aussi, que l'âme est un corps » : « c'est justement parce que l'âme s'interpénètre avec le corps qu'elle doit être incorporelle » [28]. Augustin soutient, selon moi, exactement la même thèse.

---

bien dire que l'air est dans la lumière, ce qui est aussi le cas pour l'âme. » Voir aussi Porphyre, *Sentences, Sent.* 31 ; Mommert, p. 16, 19-17, 7.8 ; trad. Brisson *et al.*, p. 335 : « Et l'âme *n'est ni corps ni dans le corps* [on sait que l'on retrouve cette formule chez Averroès à propos de l'intellect, voir sur ce point *L'Acte de penser*, volume 3 de l'*Archéologie du sujet*, à paraître chez Vrin], mais elle est cause du corps, parce que, dans le corps, tout en étant partout, elle n'est nulle part » (καὶ ἡ ψυχὴ οὐ σῶμα οὔτε ἐν σώματι, ἀλλ᾽ αἰτία σώματος, ὅτι πανταχοῦ οὖσα τοῦ σώματός ἐστιν οὐδαμοῦ). La formule οὐ σῶμα οὔτε ἐν σώματι peut être rapprochée de celle d'Averroès, affirmant que l'intellect n'est « ni le corps ni situé dans le corps ».

27. *Ennéades*, IV, 2 [4], 2, 5-9 : « ... lorsqu'une de ces parties est affectée, les autres parties ne sentiraient pas cette affection [si TTPP s'appliquait] ; seule une partie de l'âme, celle qui est dans le doigt par exemple, différente des autres et existant en elle-même, sentirait l'affection. »

28. J. Lacrosse, « Trois remarques sur la réception de la ΚΡΑΣΙΣ stoïcienne chez Plotin », *Revue de philosophie ancienne*, XXV/2 (2007), p. 64.

Si la théologie de l'Incarnation est l'horizon dans lequel est posée la question de l'unité de l'homme, et/ou celle de l'union ou *mixtura* de l'âme et du corps, c'est dans le cadre trinitaire qu'est posée celle de l'âme comme sujet, et que s'accomplit le rejet de l'attributivisme* et de la subjectité [29], qui est l'apport le plus significatif d'Augustin à l'histoire du sujet-agent. Qu'il me soit permis de rappeler ici quelques éléments de la thèse défendue dans *Naissance du sujet* et *La Quête de l'identité*. Tout d'abord le plus général : l'opposition au Moyen Âge entre un modèle aristotélicien («hylémorphiste») attributiviste* et un modèle augustinien («périchorétique») anti-attributiviste* de l'âme, de ses actes et de ses puissances – posé que par attributivisme* on entend toute doctrine de l'âme, de la pensée, de l'intellect ou de l'esprit, fondée sur (ou présupposant ou impliquant) une assimilation explicite des états ou des actes psychiques, noétiques ou mentaux à des attributs ou des prédicats d'un *sujet* défini comme *ego*.

S'agissant de l'esprit – de la *mens* – le geste d'Augustin, que j'interprète comme *rejet de la subjectité*, se laisse ainsi décrire : le refus de l'application du *duo* aristotélicien sujet-accidents à l'esprit, à ses actes ou à ses états. La thèse augustinienne est

29. Sur ce terme, voir le texte de 1941, publié en 1961 en appendice du second volume du livre sur Nietzsche (*Die Metaphysik als Geschichte des Seins* in *Nietzsche*, t. II, Pfullingen, Neske, 1961, p. 399-458 [GA 6.2] = «La métaphysique comme histoire de l'être», in *Nietzsche*, t. II, trad. fr. P. Klossowski, Paris, Gallimard, 1971, p. 319-365). Heidegger y donne une formulation claire de la distinction entre sub-jectité *(Subjectität)* et subjectivité *(Subjektivität),* dont s'inspire notre travail. Trois points se dégagent : 1. l'être est métaphysiquement déterminé par le *subiectum* latin, c'est-à-dire, plus originairement par l'ὑπο-κείμενον grec, non par le «je» ou l'«égoïté»; 2. la «subjectivité» de la métaphysique moderne est un «mode de la subjectité»; 3. le passage de la «subjectité» à la «subjectivité», se laisse penser à partir de Descartes comme le moment où l'*ego*, devenu le «sujet insigne», acquiert le statut d'étant «le plus véritable». Sur tout cela, je me permets de renvoyer à *Naissance du sujet*, p. 125-129, complété par A. de Libera, «When Did the Modern Subject Emerge ?», *American Catholic Philosophical Quarterly (Formerly The New Scholasticism)*, vol. 82, Issue n° 2 Spring 2008, p. 181-220 et, du même, «Sujet insigne et *Ich-Satz*. Deux lectures heideggériennes de Descartes», *Les Études philosophiques*, n° 1/2009, p. 83-99.

claire : la *mens* n'est pas un sujet, un ὑποκείμενον. Ce, pour une raison précise : parce que la notion aristotélicienne de sujet ne saurait exprimer la structure de l'âme humaine en tant qu'image de la Trinité. Ce rejet va de pair avec un second geste théorique : la substitution du rapport οὐσία-hypostases au rapport ὑποκείμενον -accidents comme paradigme du rapport entre l'âme, ses « actes » et ses « états » ; l'introduction, sur cette base, d'un modèle anti-attributiviste* de l'âme, que j'appelle, anachroniquement, modèle « périchorétique » de l'âme. En somme, Augustin est substantialiste, au sens où pour lui, la *mens* n'est pas une propriété ou une disposition du corps, mais une substance ; il est anti-attributiviste*, au sens où, pour lui, la *mens* n'est précisément pas un *sujet mental*.

Substance, mais pas sujet : voilà une substance bien singulière. N'est-ce pas le propre de la substance que d'être *sujet* ? Que signifie la thèse d'Augustin ? Pourquoi soutenir que la notion de *substantia* au sens de *subiectum* ne s'applique pas à la *mens humana* ? Réponse est donnée à propos de l'amour et de la connaissance, les deux actes mentaux qui portent la réflexion augustinienne sur la *mens* dans le *De Trinitate*, IX, IV. Amour et connaissance « ne sont pas dans la *mens* comme dans un sujet », « ... *non amor et cognitio tanquam in subiecto insunt menti* ». Ce, pour deux raisons.

1. Parce que, pour Augustin, les actes et les états mentaux ne sont pas *subjectés* dans l'âme, du fait que contrairement aux accidents corporels qui ne sauraient migrer du corps-sujet, ils n'y sont pas enfermés. Comme je l'ai montré ailleurs, Augustin formule un principe, que l'on peut appeler principe de la limitation subjective de l'accident (PLSA), défini :

> PLSA déf. : un accident ne peut transcender (dépasser, excéder, outrepasser) les limites de son sujet d'inhérence (« [accidens] non excedit subiectum in quo est ») [30].

---

30. Plotin, *Ennéades*, V, 3 [49], 8, 3 (οἷον τὸ ἐπὶ τοῖς σώμασι χρῶμα ἢ σχῆμα). Sur PLSA, voir *Naissance du sujet*, p. 62, 315-317, 319, 334-336, 338 et *La Quête de l'identité*, p. 157, 158, 441.

Ce principe lui permet de poser que, contrairement à la couleur ou la figure dans le corps, lesquelles précisément sont incapables « *d'excéder* le sujet dans lequel elles sont » (« non enim color iste aut figura huius corporis potest esse et alterius corporis »), exemple emprunté au traité 49 de Plotin [31], amour et connaissance, en l'excédant, permettent à la *mens* de se dépasser elle-même vers l'aimé et le connu. Ce point doit être vigoureusement souligné : l'*excès (excessus)* de la *mens* sur elle-même est – contre tous nos usages « subjectivistes » modernes – ce qui, chez Augustin, interdit toute identification de l'esprit ou de l'âme ou de l'*ego* à un sujet. En définissant le *Da-sein* comme « un étant qui, dans son être, est *au-delà* de soi-même », un étant qui *transcende* par son être même, qui dans son être même se *dépasse* lui-même, Heidegger parle un langage qui pourrait être celui d'Augustin, si précisément l'auteur de *Sein und Zeit* ne faisait pas de cette « transcendance la constitution originaire de la *subjectivité* du sujet ». Assez curieusement, c'est en faisant du transcender ou du dépassement la constitution fondamentale de la *mens* qu'Augustin écarte d'avance ce sujet que Heidegger a tant de peine à reformater, contre la tradition, y compris le néokantisme, comme transcender. Le « concept de sujet bien compris » que Heidegger appelle de ses vœux – *après la métaphysique* –, cet « être-sujet », qui « veut dire transcender », cet être-là qui est lui-même *Überschreiten*, « pas au-delà », « dépassement », Augustin l'a d'une certaine façon formulé d'avance – avant la métaphysique de la subjectivité, en en faisant précisément l'économie, ou si l'on préfère en posant que « le concept d'esprit bien compris » exclut tout recours à la subjectité. L'anti-attributivisme* d'Augustin et son rejet de la *Subiectität* sont une exception majeure à la méconnaissance généralisée de la transcendance que Heidegger impute à la « tradition » [32]. Il faut cependant bien voir que cette exception

31. Voir *De Trinitate*, IX, IV, 5, BA 16, p. 82-85.

32. À ma connaissance, V. Caston est le seul à entrevoir l'importance de PLSA chez Augustin, au demeurant en esquissant une comparaison avec la « transcendance » husserlienne vue par Spiegelberg, plutôt qu'avec Heidegger. *Cf.* V. Caston, « Connecting Traditions : Augustine and the Greeks on Intentionality », *in* D. Perler (éd.), *Ancient and Medieval Theories of Intentionality*,

ne signifie pas que l'on puisse enrôler Augustin sous la bannière de la transcendance telle que la comprennent les *Grundprobleme* ou *Sein und Zeit*. Le dépassement de soi augustinien n'est pas DÉPASSEMENT VERS LE MONDE, être auprès-du-monde, et le rapport DEDANS-DEHORS y est à la fois tout différent et de celui qui norme la métaphysique et de celui que Heidegger lui oppose : il est dépassement de soi ET du *monde* ET de *soi-dans-le-monde* vers Dieu [33].

2. la notion de *substantia* au sens de *subiectum* ne s'applique pas à la *mens humana* parce que les actes mentaux, en l'occurrence ici : l'amour et la connaissance, sont pour Augustin « dans l'âme », « *in anima* », comme l'esprit lui-même », « *sicut ipsa mens* » [34]. C'est-à-dire « essentiellement, non comme dans un sujet ». Et d'insister : c'est ainsi – autrement dit : *essentiellement* – qu'ils se « laissent *percevoir et dénombrer* dans l'âme », car ils « existent en elle et s'y développent dans une sorte d'involution mutuelle » (« ... haec *in anima existere*, et tanquam *involuta evolvi* ut *sentiantur et dinumerentur substantialiter*, vel, ut ita dicam,

---

Leiden-Boston-Köln, Brill (Studien und Texte zur Geistesgeschichte des Mittelalters, LXXVI), 2001, p. 44-45 « ... all [cognitive acts] involve an extension and an exertion of the soul, in an effort to get beyond itself. In fact, it is precisely this that sets animate beings apart from other things : unlike a mere attribute, which "does not extend beyond the subject in which it is"(*non excedit subiectum in quo est*), the soul is able to transcend itself, through knowing and loving other things (*De Trin.* 9.4.5). Augustine thus appeals, ironically, to the same lyrical image Speigelberg uses to characterize what is supposed to be distinctive and new about Husserlian transcendence : "Here something utterly new enters the World. Dead nature rises above its self-containment and reaches out beyond itself. This signifies a turning point in the cosmic order." It is this striving and outward-directedness that constitutes the most fundamental characteristic of *intentio* for Augustine. Will, love, and attention are the forms of intentio with which we are the most familiar, but they are also highly developed mental phenomena not to be found as such on the most basic level. In order for intentio's roots to flower in this way, it must possess some aspect of these states in germinal form and Augustine identifies this as the drive towards transcendence. It is this primitive feature that enables us to have states with contents. »

33. *Conf.* X, 27, 38, 14, 208 : « ... Et ecce intus eras *et ego foris*, et ibi quaerebam ».

34. Augustin, *De Trinitate*, IX, IV, 5, BA 16, p. 84-85.

essentialiter, non tanquam in subiecto »). C'est là la place de la référence, pour le moins structurante, à la Trinité. Quand l'esprit se connaît et s'aime lui-même, la trinité de la *mens*, de la *notitia* et de l'*amor*, qui est l'image en l'homme de la Sainte Trinité, « demeure », « sans mélange ni confusion » : *in illis tribus, cum se novit mens et amat se, manet trinitas : mens, amor, notitia ; et nulla commixtione confunditur.* Le langage utilisé mérite toute notre attention. Cette manence est une immanence : une immanence mutuelle, laquelle, pour autant, n'est pas une confusion *(confusio)* ou un mélange *(commixtio)*. L'immanence mutuelle est ce que j'appelle, d'un terme postérieur, emprunté à Jean de Damas, « périchorèse ». Augustin n'emploie pas le mot, mais il décrit la chose, quand il écrit à propos des trois – esprit, connaissance et amour, *mens, notitia, amor* :

> ... chacun est en soi, et cependant ils sont mutuellement chacun tout entier dans les autres tout entiers, chacun dans les deux autres, et les deux autres en chacun. Et ainsi, ils sont *tout en tous* (« quamvis et singula sint in se ipsis, et invicem tota in totis, sive singula in binis, sive bina in singulis. Itaque *omnia in omnibus* »).

Ceci nous ramène aux théories du mélange et aux sources métaphysiques, philosophiques et théologiques d'Augustin. La célèbre page du *De fide orthodoxa* (PG 94, 830 B) où Jean de Damas introduit la périchorèse articule cinq affirmations qui ont toutes une contrepartie exacte dans le *De Trinitate*, IX, IV, 4 et IX, IV, 6-7 et V, 8 :

1. le Père, le Fils et l'Esprit sont unis sans confusion (= *De Trinitate*, IX, IV, 4) ;
2. ils sont contenus les uns dans les autres (=IX, V, 8) ;
3. ils ont en/entre eux une circumincession (*kai tên en allêlai perichôresin* [καὶ τὴν ἐν ἀλλήλαι περιχώρησιν], = IX, V, 8)...
4. ... qui ne laisse place ni à l'agrégation ni au mélange (=IX, IV, 7) ;
5. ils ne sont pas extérieurs les uns aux autres ni séparés selon l'essence (= IX, IV, 6 et 8), comme le croit Arius.

Assurément, le propos du Damascène est un propos théologique. Si éloignés soient-ils dans l'espace et dans le temps, Augustin et Jean ont la même source : le ζήτημα de Porphyre *Sur l'union de l'âme et du corps*, que Dörrie a patiemment reconstitué à partir du *De natura hominis* de Némésius d'Émèse. C'est en effet en l'opposant à la juxtaposition et au mélange – deux notions dont on a vu la provenance dans la méditation sur le Verbe incarné – qu'Augustin expose le modèle périchorétique de l'âme. L'immanence mutuelle des trois « éléments de l'âme », selon la traduction de la BA, plus simplement : « ces trois », *haec tria*, n'est évidemment pas une simple juxtaposition, comme celle de l'eau et de l'huile, mais, dit Augustin, elle n'est pas davantage réductible au mélange de l'eau, du vin et du miel, qui se retrouve en chaque partie de la potion, où ils sont chaque fois entièrement mélangés *(omnino commixta sunt)*, car même si une seule substance, celle de la potion, résulte de leur mélange *(quamvis ex eorum commixtione fiat una substantia potionis)*, le vin, l'eau et le miel ne sont pas de même substance *(non unius substantiae sunt)*, contrairement aux actes de la *mens*. La structure d'immanence mutuelle qui caractérise ce que Brentano appellera «*psychische Einwohnung*», «inhabition psychique», dans une célèbre note de la *Psychologie d'un point de vue empirique*, où il explique l'in-existence intentionnelle [35], est conquise par

35. *Cf.* F. Brentano, *Psychologie vom empirischen Standpunkt*, éd. O. Kraus, vol. II, 1, note *, Hambourg, Felix Meiner, 1924, p. 125 : « Schon Aristoteles hat von dieser psychische Einwohnung gesprochen. In seinen Büchern von der Seele sagt er, das Empfundene als Empfundenes sei in dem Empfindenden, der Sinn nehme das Empfundene ohne die Materie auf, das Gedachte sei in dem denkenden Verstande » ; *Psychologie du point de vue empirique*, trad. M. de Gandillac, Paris, Aubier-Montaigne, 1944, p. 102 : « Aristote parle déjà de cette inhabitation psychique. Dans son traité de l'âme, il dit que le senti est, comme tel, dans le sentant, que le sentant contient immatériellement l'objet senti, que le pensé est dans l'intellect pensant.» La note de 1911 glose et explique la définition du psychique par l'«*intentionale* (auch wohl *mentale*) *Inexistenz* eines Gegenstandes» dans la première édition de la *Psychologie* (1874). *Cf. Psychologie du point de vue empirique*, nouv. éd. revue et présentée par J.-F. Courtine, Paris, Vrin, 2008, p. 101 : « Ce qui caractérise tout phénomène *psychique*, c'est ce que les scolastiques du Moyen Âge ont appelé l'*inexistence intentionnelle* (ou encore *mentale*) d'un objet, et que nous pourrions appeler nous-mêmes – en usant d'expressions qui n'excluent pas toute équivoque verbale – la relation à un contenu, la direction *vers un objet* (sans qu'il faille entendre par là une réalité) *ou objectivité immanente.* » Un autre passage (*ibid.*, p. 32) dit dans le même sens : « Die psychischen Phänomene unterscheiden sich von allen physischen durch nichts so sehr als dadurch, *daß ihnen etwas*

Augustin sur un ensemble de thèses métaphysiques mises en place pour penser le rapport de l'intellect et de l'intelligible et des intelligibles entre eux chez Plotin et Porphyre.

Quelle conclusion tirer de ces quelques observations ? Elle ne peut être que prudente. Augustin n'appartient pas à *la* métaphysique comme un Thomas ou un Suárez y appartiennent. Mais ne s'agit-il pas pour nous de repenser la catégorie même de métaphysique et, de ce fait, de ce qui est *hors* métaphysique ? Quelque anachroniques qu'en soient les appellations, c'est dans sa manière d'articuler dans une vie de foi philosophie, théologie et exégèse qu'Augustin échappe aux rôles sociaux de philosophe, de théologien et d'exégète comme aux cloisonnements disciplinaires. La métaphysique s'est profondément renouvelée au xxᵉ siècle. Il y a certainement quelque chose à attendre, y compris d'un point de vue historique, d'une enquête sur la métaphysique de l'Incarnation. À titre d'exemple, on pourrait citer la discussion de la théorie de l'*habitus* dans le cadre de la théorie des relations, comme réduisant les relations à des propriétés monadiques, et le devenir homme du Verbe dans l'Incarnation à ce que Geach a appelé un Changement cambridgien *(Cambridge Change)* [36]. Je vous renvoie sur ce point au beau livre de Richard Cross : *The Metaphysics of the Incarnation* [37]. En somme, *Après la métaphysique : Augustin ?* signifie

---

gegenständlich inwohnt » ; trad. p. 216 : Ce qui distingue essentiellement les phénomènes psychiques de tous les phénomènes physiques, *c'est l'immanence en eux d'un objet* » – littéralement : « c'est que quelque chose *habite* objectivement en eux. »

36. *Cf.* P.T. Geach, « What actually exists », in *God and the Soul*, Londres, 1969, p. 71-72 ; K. Mulligan & B. Smith, « A Relational Theory of the Act », *Topoi* 5/2 (1986), p. 115-130 ; A. de Libera, « Dénomination extrinsèque et "changement cambridgien". Éléments pour une archéologie médiévale de la subjectivité », *in* K. Emery Jr, R.L. Friedman & A. Speer (éd.), *Philosophy And Theology In The Long Middle Ages : A Tribute To Stephen F. Brown*, Leiden, Brill (Studien und Texte zur Geistesgeschichte des Mittelalters, 105), 2011, p. 451-470.

37. Voir R. Cross, *The Metaphysics of the Incarnation*, p. 206-207, et l'ensemble du chapitre 9, *Relations and Intrinsic properties*, pour l'aftermath médiéval de la théorie de l'habitus (p. 205-217). La thèse de la *clothing-theory* est que « a proposition such as 'God became man' is true not in virtue of any change in God, but merely in virtue of a change in the created order – a new

non seulement : la métaphysique est-elle encore vivante ? mais aussi, si tel est le cas (et c'est pour moi le cas) : quelle sorte de métaphysique voulons-nous ? Le philosophe a ses réponses. J'ai la mienne. Mais il y va ici d'histoire.

Après la métaphysique : Augustin ? place le médiéviste devant une alternative : faire de l'Incarnation la pierre d'angle d'une figure philosophiquement méconnue de la métaphysique en son histoire ou le sas de sortie d'un univers désormais réputé fossile. Il peut aussi rejeter la question.

---

sort of relation of a creature to God ». Cet « unreal-relation claim was seen to be necessary to save divine impassibility ». Son défaut évident, selon Thomas Weinandy, est que « it empties the Incarnation of any real content : "Such a relation is no relation at all. God may appear to be related, but really is not" ». *Cf.* Th. Weinandy, *Does God change ? The Word's Becoming in the Incarnation* (Studies in Historical Theology, 4), S. Bede's Publications, 1985, p. 87 (cité par Cross, p. 207).

DE TRINITATIS AUGUSTINI PERFRUITIONE

JEAN-LUC NANCY

Le propos de commenter ou d'expliquer Augustin serait très éloigné de ma compétence. J'essaie seulement de tirer un fil à travers son traité *De Trinitate* dont il me semble possible de dire qu'il est fait de part en part d'un effort pour dépasser l'opposition entre ce que nous serions tentés de distinguer comme un « mystère de foi » et une démonstration de raison. Non toutefois pour concilier les deux, mais plutôt pour dégager une excédence infinie de la raison ou de la pensée humaine : une excédence qu'il faut entendre aussi bien comme un excès sur les capacités de l'homme que comme une façon de les ouvrir et déborder en quelque sorte de l'intérieur. C'est moins d'un secret de « Dieu » qu'il s'agit que de l'évidence éblouissante et brûlante d'un outrepassement de l'homme par l'homme même.

I.

Dans ce long et complexe traité, Augustin ne veut certes pas démontrer selon la raison – ni, par conséquent, démontrer en aucune façon – que l'unité de Dieu est trine ou que son unique substance s'articule en trois « personnes » – terme au demeurant impropre et provisoire bien qu'inévitable « pour ne pas être réduit au silence » (V, 10)[1], remarque qui engage déjà tout le

---

1. Sauf indication contraire, la traduction sera celle de Sophie Dupuy-Trudelle dans le volume III des *Œuvres*, Gallimard, 2002.

rapport à ce qu'on peut et doit «saisir par l'intelligence sans
avoir besoin des mots» *(ibid.)*. Il ne le veut pas puisque la raison,
pas plus que les mots dont nous devons pourtant nous servir, ne
peut conduire jusqu'à l'«énigme» dont il s'agit, selon le mot de
Paul. Il s'agit en effet de ce vers quoi la foi seule peut nous
conduire.

Mais que la foi doive ouvrir le chemin n'exclut pas, bien au
contraire, qu'elle l'ouvre à l'intelligence ou à la pensée *(mens)*, et
plus précisément à la pensée en tant qu'elle «se tourne vers la
contemplation de la vérité» et qu'elle est, de cette manière,
«image de Dieu» (XII, 11). La foi n'est en rien opposée à la
pensée ni à l'intelligence qui est elle-même la pensée en tant
qu'elle présente et se présente à elle-même le «verbe» qui est
intrinsèquement «connaissance accompagnée d'amour» (IX, 15)
avant d'être tributaire du langage et de ses signes extrinsèques.

Ce qu'Augustin veut montrer consiste donc non pas à
excéder la pensée par la foi, mais à ouvrir par la foi le chemin
d'une pensée qu'il définit comme elle-même capable de saisir ce
fait même qu'elle ne peut pas saisir une science qui la dépasse,
mais qui est bel et bien science admirable («*Ex me quippe
intellego quam sit mirabilis et incomprehensibilis scientia tua qua me
fecisti quando nec me ipsum comprehendere ualeo quem fecisti, et tamen
in meditatione mea exardescit ignis ut quaeram faciem tuam semper*»,
XV, 13). Je comprends l'incompréhensibilité de ta science, par
laquelle tu m'as fait, moi qui ne puis me comprendre et dont
pourtant la méditation brûle d'un feu qui me fait sans relâche
chercher ta face.

Cette recherche incessante est précisément ce qu'opère la
foi, et ce qui vaut en elle n'est autre que cette recherche même.
Elle ne vaut pas parce qu'elle fournirait à une intelligence
limitée une réponse ou un résultat auquel il faudrait se tenir par
défaut. Elle vaut en tant qu'une recherche vaut toujours mieux
qu'une assurance qui se contente d'un «courage malheureux»
comme le font les philosophes (XIII, 10). Plutôt que le malheur
de ce courage qui «veut ce qu'il peut à défaut de pouvoir ce qu'il
veut» *(ibid.)* il faut choisir le bonheur qui ne peut consister que
dans l'exigence, l'attente et la recherche d'une «vie heureuse
permanente» (XIII, 12) soit immortelle.

De même que l'immortalité ne peut qu'être que lorsqu'elle est désirée et espérée (c'est au fond la même chose), de même que le mot pour désigner le « sauveur » – *salvator* – et qui transcrit le grec σωτήρ et l'hébreu *Jésus* est un mot que la langue latine a trouvé lorsqu'elle l'a voulu (« *Quod uerbum latina lingua antea non habebat, sed habere poterat sicut potuit quando uoluit* », XIII, 14), de même il est un pouvoir – l'immortalité, et avec elle la ressemblance à Dieu par-delà l'image et l'énigme – qui relève moins de la capacité propre que de la réception d'un désir d'être capable. Ainsi la recherche que la foi représente et soutient vaut avant tout en tant que cette recherche qu'elle est et non par la substitution à l'aboutissement rationnel impossible d'une solution qui ferait simplement fi de la raison. La première phrase du traité le dit : « ma plume est toujours en alerte vis-à-vis de ceux qui méprisent le point de départ de la foi et sont trompés par un amour inopportun et déplacé de la raison » (I, 1 – *qui fidei contemnentes initium immaturo et peruerso rationis amore falluntur*). La foi est *initiale* et ce qui rejette cette initialité est une espèce de *perversion* de la raison. Il faut donc comprendre que la raison droite est ce à quoi la foi donne le juste élan, mais non ce qu'elle viendrait remplacer. C'est bien pour cette raison que le traité énonce : « La foi n'est pas ce qui est cru, mais ce qui fait croire » (XIV, 11 – *Fides enim non est quod creditur, sed qua creditur*).

Aussi est-il indispensable de tenir que la foi vaut selon qu'elle ouvre la voie de la juste certitude, mais non selon qu'elle porterait cette certitude à son achèvement. Ce dernier ne peut venir que dans la condition d'un au-delà de l'existence en ce monde que bien évidemment rien ne peut ni proprement anticiper, ni encore moins suppléer. C'est pourquoi nous devons « nous mettre dans l'esprit que la disposition qui nous pousse à rechercher le vrai est plus certaine que la présomption qui nous fait tenir l'inconnu pour le connu. Ainsi, cherchons comme si nous allions trouver, et trouvons comme si nous allions chercher. En effet, "c'est lorsque l'homme a achevé qu'il commence" » (IX, 1 – *Sic ergo quaeramus tanquam inuenturi, et sic inueniamus tanquam quasituri. Cum enim consummauerit homo, tunc incipit*). La citation de Ben Sira qui conclut le passage peut être considérée comme l'axiome du traité : l'homme commence là où il s'arrête. C'est-à-dire que le terme humain de ses actes, de ses paroles et de sa vie est aussi bien son accès à l'ordre vrai de ces mêmes actes, paroles et vie. Dans la prière qui conclut le traité, Augustin citera un autre passage du même livre (qu'il désigne alors sous le nom reçu d'Ecclésiastique) où il est dit que « la somme universelle de nos paroles, c'est lui-même » (XV, 51 – *Multa dicimus et non peruenimus, et consummatio sermonum uniuersa est ipse*). La consumation est aussi bien la somme, et l'exténuation du discours ouvre ce comble de la parole qui se convertit en « lui-même », c'est-à-dire en ce *Verbe* dans lequel s'exprime – hors langage – la pure pensée de soi et de toutes choses.

2.

Or ce qui va développer, amplifier et nourrir cette inspiration centrale du traité ne sera rien d'autre que ceci : la pensée elle-même se déplie, se développe et tout d'abord se rapporte à elle-même selon l'articulation ou selon l'agencement d'une disposition trinitaire dont la forme la mieux élaborée et la plus opératoire sera nommée « mémoire, intelligence, volonté ». Cette trinité ne forme rien de moins que l' « image » de la trinité divine – le « Dieu Trinité », comme le dit Augustin pour finir (XV, 51 – *Domine deus une, deus trinitas*).

C'est en effet sur cette image que le traité concentre progressivement l'attention et c'est par elle, essentiellement, qu'un accès est donné – non point certes à l'intérieur du mystère (si ce nom lui convient, on y reviendra) mais face à lui, en sa présence et dans un certain mode de communication et de compréhension. Car sans aucun doute l' « image » et plus précisément l' « image et ressemblance de Dieu » qui est « le véritable honneur de l'homme » (XII, 16 – où il faut bien sûr entendre que cet *honor verus* se distingue des honneurs selon le monde), l' « image », donc, n'est pas une propriété que l'homme posséderait par lui-même (toute la préoccupation sous-jacente au traité est sans doute celle-ci : jusqu'où l'homme selon sa plus propre grandeur ne s'appartient pas, mais appartient à ce qui, en lui et de lui s'excède pour se consumer et se consommer – aux sens déjà évoqués de ces termes – dans cet excès même). Au contraire, cette image ne se conserve « qu'à condition d'être face à celui par qui elle est imprimée » (XII, 16 – *quae non custoditur nisi ad ipsum a quo imprimitur* ; plus littéralement : elle n'est gardée que vers ou en direction de celui par qui elle est imprimée ; on pourrait même accentuer un mouvement : l'image doit se tourner et se diriger vers celui qui l'imprime).

La ressemblance de l'image ne tient donc que par un rapport soutenu avec celui qui la façonne. Mais en même temps, il n'est pas question d'une possibilité d'effacement intégral de l'image : Augustin précise que la nature de l'homme « quand bien même elle a pu être viciée parce qu'elle n'est pas la nature suprême, cependant, parce qu'elle est capable de nature suprême et qu'elle peut l'avoir par participation, est une grande nature » (XIV, 6 – *quia summae naturae capax est et esse particeps potest, magna natura est*).

Selon cette « grande nature » capable de prendre part à la « suprême », le fait même de la ressemblance et de son impression en nous ou plutôt comme nous – et comme nous en tant que nous nous trouvons conformés en trinité de capacités ou de fonctions – confère à l'image une dimension dynamique et énergétique. Bien plus que d'être un reflet de la trinité divine, l'image joue et mobilise en elle-même, pour elle-même, le rapport à soi qui d'une part est son cœur et qui d'autre part est ce cœur en tant que tension d'un rapport. Essentiellement la pensée se rapporte à elle-même : « son regard est quelque chose qui appartient à sa propre nature, et [...] lorsqu'elle se représente elle-même, elle se retourne vers elle-même en un mouvement qui n'est pas local, mais par une conversion incorporelle » (XIV, 8 – *et in eam quando se cogitat non quasi per loci spatium sed incorporea conuersione reuocetur*).

L'image ressemble pour autant qu'elle est tournée vers son auteur cependant qu'en elle-même la ressemblance est de se tourner vers elle-même. L'image considérée dans sa qualité essentielle est image du retournement sur soi, de la certitude de soi et du désir de soi. Elle est image de la présence à soi.

3.

En aucune façon Augustin ne permet d'assimiler l'image à une immédiateté de la présence à soi dont il la dit être l'image. C'est bien pourquoi il s'agit d'une image et d'une vision en énigme. Mais ce dont il y a image ou bien ce que l'image fait voir n'est pas tant une forme, un aspect qui serait tributaire d'une vision externe que ce regard qui lui est propre et dont on vient de parler : regard qui se tourne vers lui-même et en lui-même. Si la présence divine à soi peut être dite « immédiate » – ce qui n'est pas un terme d'Augustin, mais de certains commentateurs – ce n'est pas au sens hégélien du mot. C'est même très exactement le contraire. Car ce qui en Dieu forme l'unité stricte d'un « être » dont se distingue irrémédiablement la distinction des propriétés ou fonctions que l'homme est dit « avoir » (Augustin revient plusieurs fois sur cette distinction) est dans son être même ou comme cet être la médiation ou le rapport des trois qui sont et qui font cet être.

Plus précisément, la fonction médiatrice est celle du Christ. Elle n'intervient pas de manière centrale dans le traité. Toutefois, ce qui caractérise le « serviteur médiateur » (I, 14) en tant que tel n'est pas autre chose que sa double disproportion : « sous la forme de Dieu il est lui-même plus grand que lui-même, sous la forme du serviteur il est lui-même plus petit que lui-même » (ibid.). Or cette disproportion au centre de laquelle se donne un « lui-même » qui le « même » de deux formes dissemblables ne peut l'être que parce qu'elle est aussi la juste proportion de la ressemblance. C'est en effet parce que le Fils sous forme de Dieu a fait l'homme qu'il a pu aussi être fait ou se faire homme sous forme de serviteur. Et c'est aussi parce qu'il a fait l'homme qu'il est écrit : « Faisons l'homme à notre image et à notre ressemblance » (ibid.). L'image que nous sommes est donc l'image de celui qui peut prendre deux formes inconciliables et qui peut aussi nous faire à son image, c'est-à-dire à l'image d'un « soi-même » qui loin d'être pure et simple identité en soi est en somme la « mêmeté » de ce qui peut s'éloigner infiniment de soi sans cesser d'être soi, se rapportant à soi par la « dilection » que nomme l'Esprit.

Il s'agit donc de la Trinité : elle est le mode divin de la présence à soi et elle est identiquement – par l'identité médiate et médiatrice de l'image – le mode de la présence de l'image en nous et comme nous. Ce qu'il s'agit d'atteindre dans la méditation du « dieu trinité » n'est pas un mystère au sens d'un secret prodigieux (Augustin emploie le mot dans ce sens en quelques endroits du traité, mais précisément pas pour parler de la trinité...). C'est au contraire une illumination qui tout à la fois excède toute compréhension humaine mais éclaire aussi cette même compréhension en tant qu'elle se connaît comme présence à soi et en soi d'une absolue disproportion et dissemblance entre elle-même et elle-même. En ce sens, on pourra toujours dire que Hegel reste en équilibre instable sur la très mince arête qui sépare le retour à soi et ce qu'on peut nommer ici, à titre de simple indication, l'*Ereignis* ou la *différance* – non pas de soi ni d'un soi mais en tant qu'être soi. Ou encore le rapport.

La Trinité dit et montre que le rapport à soi – c'est-à-dire le « soi » tout court – est rapport. C'est-à-dire deux choses ensemble : d'une part, il n'y a pas de « soi » sans distance de soi à soi ; d'autre part, il n'y a pas de rapport qui ne tende vers ou qui ne soit tendu par le désir d'une unité capable de faire « un » sans résorber les identités distinctes.

Si Augustin fait converger toutes ses analyses vers la trinité de la pensée comme mémoire, intelligence et volonté, c'est bien parce qu'il voit dans la pensée la certitude de soi que rien ne peut distraire d'elle-même puisque, par exemple, « lorsque nous doutons nous connaissons que nous doutons et, pour cette raison, lorsque nous disons cela, il y a un verbe vrai puisque nous disons ce que nous connaissons » (XV, 24). Or le Verbe – celui qui traduit le *Logos* du prologue de Jean – n'est pas autre chose que la vérité (non dite, non langagière, mais notre « verbe », lui aussi, se distingue pour Augustin du signe langagier) de tout ce qui peut être connu, c'est-à-dire de tout.

S'il est une vérité qui n'est pas d'adéquation mais d'expression ou de révélation, c'est bien celle-là. C'est la vérité du proposé en tant qu'il se désire pro-féré et que ce dernier désire le proférer. Vérité de présentation de soi et de son désir, dont a rendu compte une première trinité, celle de l'amant, de l'aimé et de l'amour. La pensée se sait comme amour de soi et s'aime comme savoir de soi.

Encore une fois, ce n'est qu' « image » et non « face-à-face ». Mais l'image est empreinte. Elle façonne et elle imprègne : cela va au-delà du reflet. C'est aussi pourquoi malgré le défaut de l'image – qui tient à l'extériorité de moments qui dans l'original sont tous les trois immanents l'un à l'autre – nous ne sommes pas sans une proximité qu'on pourrait dire troublante (en ce qu'elle trouble l'écart de la dissemblance inhérente à la ressemblance) avec l'original. La ressemblance, en effet, il faut la saisir. Le miroir de Paul n'est pas de lui-même sous nos yeux. Nous devons discerner et devenir aptes à « saisir par l'intelligence » (XV, 19) la similitude de notre verbe avec celui de Dieu. Ce qui signifie que nous devons savoir penser en retrait des langues et selon « ce que nous prononçons dans notre cœur » (ibid.).

Mais cela entraîne aussi que nous sommes capables, pour finir, de « voir l'ineffable » et de le voir « de manière ineffable » (I, 3). Et nous pouvons ainsi par la pensée « voir les réalités invisibles » (XV, 49), c'est-à-dire « contempler, en quelque façon, cette nature suprême, ineffable, incorporelle et immuable » (ibid.). Or cette contemplation dans sa forme ultime est « jouissance » (I, 20 – solo ipso inlustrari perfruique sufficiet).

« Jouir » – perfrui – n'est pas se rassasier, mais au contraire n'en pas finir de « chercher » plus loin que tout ce qui peut être trouvé. C'est ainsi que l' « image » jouit et se réjouit de soi en l'autre qui est son essence et sa raison d'être.

Augustin, la faiblesse et la volonté

Olivier Boulnois

L'incapacité à maîtriser ses propres actions est un phénomène déjà décrit par les tragiques grecs. Les héros d'Euripide s'excusent de leurs crimes en disant qu'ils ne l'ont pas fait de leur plein gré, telle Phèdre dans *Hippolyte (ouk' ekhôn*, V, 319, 358), mais qu'ils ont été vaincus par leurs passions, puissances divines inscrites dans notre nature (*Médée,* 530 : « C'est Amour qui t'a forcée »). Peu avant de tuer ses enfants, Médée proclame :

> Je comprends bien l'énormité du mal que je vais faire
> Mais l'emportement *(thumos)* est plus fort que mes réflexions
> (*Médée,* 1078-1079).

Dans la transposition latine du mythe, Ovide fait dire à Médée :

> *Video meliora proboque,*
> *deteriora sequor.*
> (« Je vois le meilleur et je l'approuve, mais je fais le pire »,
> *Métamorphoses,* VII, 20-21).

Saint Paul déclare encore : « Vouloir le bien est à ma portée, mais non pas le faire, car je ne fais pas le bien que je veux, mais le mal que je ne veux pas, je le fais » (Romains 7, 18-19).

C'est contre Euripide que Socrate, dans le *Protagoras* élabore l'idée que nul n'est méchant sinon par ignorance : « À les entendre, beaucoup d'individus, tout en ayant la connaissance de ce qui vaut le mieux, ne consentent pas à le faire, alors qu'ils en ont la possibilité, mais font autre chose ? Et tous ceux à qui je demande quelle peut bien être la raison de cette conduite, tous, ils me répondent qu'ils ont été vaincus par le plaisir» (352 D-E). Ce phénomène, Aristote l'a nommé *akrasia* – absence de pouvoir sur soi-même.

Les philosophes et les historiens, jusqu'à Ryle et Davidson, ont souvent décrit ce phénomène sous le nom de « faiblesse de la volonté ». Est-ce justifié ? En tout cas, c'est chez Augustin que le phénomène a été *nommé* pour la première fois une faiblesse de la *volonté*. En effet, Augustin met la volonté au cœur et au fondement de l'agir humain. Mais, très vite, il constate notre incapacité à bien agir alors même que nous le voulons. Il y a là une contradiction essentielle à sa pensée, et peut-être à toute doctrine de la volonté. Si la volonté définit l'ensemble des actions qui sont *en notre pouvoir,* comment comprendre que je *veuille* accomplir une action sans le *pouvoir* ? Augustin estime que, pour sortir de l'impuissance de la volonté, il suffit de vouloir davantage : « *j'ai pu vouloir et ne pas faire (potui velle et non facere)*, si la mobilité de mes membres n'obéissait pas. J'ai donc fait beaucoup d'actions où *vouloir, ce n'était pas la même chose que pouvoir.* Et je ne faisais pas ce qui, par un attrait *(affectu)* incomparable, me plaisait davantage, et que bientôt, *dès que je le voudrais, je le pourrais*, parce que bientôt, *dès que je voudrais, je voudrais à fond (utique vellem)*[1] ». L'impuissance de la volonté est due à une faiblesse interne : dès que je voudrai totalement, je pourrai agir sans difficulté.

Mais cette solution est précisément la plus inaccessible à l'agent impuissant, comme Proust l'a très bien montré : « [Je] sentais vaguement que l'habitude de me passer ainsi de vouloir commençait à peser sur moi de plus en plus fortement à mesure qu'elle prenait plus d'années, me doutant tristement que les choses ne changeraient pas tout d'un coup, et qu'il ne fallait guère compter, pour transformer ma vie et créer ma volonté, sur un miracle qui ne m'aurait coûté aucune peine. Désirer avoir de la volonté n'y suffisait pas. Il aurait fallu précisément ce que

---

1. *Confessions*, VIII, VIII, 20 (BA 14, p. 51). Les traductions ont été remaniées lorsque cela m'a semblé nécessaire.

je ne pouvais sans volonté : le vouloir[2]. » Ce texte atteste que l'impuissance de la volonté est entrée dans la gamme des émotions occidentales. Proust décrit ici la contradiction essentielle de la faiblesse de la volonté. L'habitude du vice devient peu à peu une habitude dont il est impossible de sortir. Elle nous rend impuissants, incapables de vouloir. Pour bien agir, il faudrait bien plus qu'un désir ou qu'une velléité. Il faudrait un vouloir rationnel et déterminé. Ainsi, la seule chose qui nous permettrait de bien agir, une volonté efficace, nous ne pouvons l'exercer, puisque nous l'avons perdue.

On peut considérer l'ensemble de la réflexion d'Augustin sur la liberté et la servitude de la volonté comme une élaboration de cette difficulté centrale. Comment sortir de l'impuissance de la volonté ? – Je rappellerai d'abord comment l'éthique augustinienne se fonde sur le primat de la volonté (I). Puis je montrerai comment la liberté (abstraite) de la volonté n'existe (concrètement) qu'affectée par nos habitudes, vertus ou vices (II). La question devient alors : la faiblesse de la volonté entraîne-t-elle ou non la perte de la liberté ? (III). Suffit-il alors de vouloir davantage pour sortir de la faiblesse de la volonté ? (IV) La grâce peut-elle guérir celle-ci ? (V) Ou bien existe-t-il une dimension philosophique à la solution proposée par Augustin ?

I. L'ÉTHIQUE ET LA MÉTAPHYSIQUE DE LA VOLONTÉ

Depuis Aristote, mais aussi chez les stoïciens, la responsabilité éthique est définie à partir de « ce qui dépend de moi » (*eph' hemin* chez Aristote, qui sera substantivé chez les stoïciens : *to eph' hemin* = « le : ce qui dépend de moi »). En latin, *eph' hemin* se dit : *in nostra potestate* : ce qui est en notre pouvoir. Seule est digne d'éloge ou de blâme l'action qui dépend de moi, c'est-à-

2. Proust, « *La Confession d'une jeune fille* », *Les Plaisirs et les Jours*, in *Jean Santeuil, précédé de Les Plaisirs et les Jours,* Paris, Gallimard (Pléiade), 1971, p. 89-90. *Cf.* « Marcel Proust par lui-même », « *Mon principal défaut.* – Ne pas savoir, ne pas pouvoir "vouloir" », *Contre Sainte-Beuve,* Paris, Pléiade, Gallimard, 1971, p. 337.

dire accomplie sans contrainte et en connaissance de cause. Mais pour Aristote, ce critère descriptif suffit, il n'est pas nécessaire de se rapporter à une faculté comme la volonté.

Or Augustin identifie « ce qui est en notre pouvoir » à ce que nous voulons : « Tu ne pourrais rien percevoir qui soit en notre pouvoir, si ce n'est ce que nous faisons quand nous le voulons »[3]. Comme « ce qui dépend de nous » chez Aristote, pour Augustin, la volonté exclut l'ignorance et la contrainte[4]. Le *Traité des deux âmes* peut ainsi se lire comme une reprise (indirecte ?) des analyses de *l'Éthique à Nicomaque* III. Augustin insiste sur le fait qu'il n'y a de responsabilité que si l'on agit en connaissance de cause (et non en dormant) et sans contrainte (et non en étant lié par des chaînes). En revanche, celui qui s'est enivré volontairement est responsable de ce qui arrivera dans son sommeil lourd, et celui qui s'est fait enchaîner exprès n'est pas innocenté des crimes qu'on lui fera commettre.

Par conséquent, dans le *Traité du libre arbitre*, Augustin estime avoir trouvé la parade contre le manichéisme : n'en déplaise aux manichéens, « il n'y a personne que sa nature, ni une nature étrangère, contraigne à faire le mal »[5]. On ne peut juger bonne ou mauvaise une action que si c'est l'action d'une volonté : « On ne peut l'imputer justement qu'à celui qui veut[6]. » L'action de plein gré, qui dépend de nous *(eph' hemin)* devient une action *volontaire*, c'est-à-dire produite par la *volonté*.

Chez Aristote, ce qui dépend de nous était la source de tout éloge et de tout blâme, chez Augustin, cela devient l'exercice de la volonté (une faculté de l'âme) : « Quant au mouvement par lequel la volonté se tourne de-ci de-là, s'il n'était volontaire et en notre pouvoir, il ne faudrait ni louer l'homme quand il tourne, pour ainsi dire, le pivot de sa volonté vers les biens

---

3. *Du libre arbitre*, III, 3, 7 (BA 6, 396).
4. L'ignorance : « Celui qui a péché par ignorance peut être dit, sans inconvenance, avoir péché sans le vouloir » (*Révisions*, I, 15, 3 ; BA 12, 366). La contrainte : « La volonté est un mouvement de l'âme, qui, sans y être contrainte par quoi que ce soit, nous porte à conserver ou à acquérir quelque chose » (*Des deux âmes*, X, 14 ; BA 17, p. 14).
5. *Du libre arbitre*, III, XVI, 46 (BA 6, p. 470).
6. *Du libre arbitre*, III, XVII, 49 (BA 6, p. 476).

supérieurs, ni l'accuser quand il le détourne vers les biens inférieurs, ni l'exhorter le moins du monde à mépriser ceux-ci pour
acquérir les biens éternels, à refuser de vivre mal et à vouloir
vivre bien. Or quiconque estime qu'il n'y a pas à exhorter ainsi
l'homme, doit être rayé du nombre des hommes[7]. » Ce texte
rappelle la remarque d'Aristote, selon laquelle les législateurs
châtient ceux qui font le mal et honorent ceux qui font le bien,
dans le but d'encourager les uns et de retenir les autres : c'est
précisément parce que nos actions sont contingentes que l'on
peut nous exhorter à agir autrement[8].

Quelle différence introduit le concept de volonté ? Alors
que, chez Aristote, l'action de plein gré se définissait par rapport
au désir de l'agent, et donc comme mue par l'objet du désir, la
volonté est définie chez Augustin comme une puissance métaphysique qui se meut elle-même : « Quiconque sent en lui une
volonté, sent que son âme se meut par elle-même. En effet,
quand nous voulons, ce n'est pas un autre qui veut pour nous. Et
ce mouvement de l'âme est spontané, car c'est Dieu qui le lui a
donné ; [...] par la volonté, c'est-à-dire par un mouvement qui
n'est pas local, l'âme meut cependant son corps localement, ce
n'est point une preuve qu'elle subisse elle-même un mouvement
local. Ainsi, nous voyons un objet se mouvoir sur un gond à
travers un grand espace, bien que le gond lui-même reste immobile[9]. » Ici, Augustin reprend à Aristote le concept d'âme automotrice, et même le concept d'axe central, qu'on trouve dans le
Traité du mouvement des animaux ; mais alors que celui-ci signifiait
pour Aristote, une motion partie par partie, c'est-à-dire qu'une
partie du corps en meut une autre à tour de rôle, chez Augustin,

7. *Du libre arbitre*, III, 1, 3 (BA 6, p. 386).

8. *Cf.* Aristote, *Éthique à Nicomaque*, III, 7, 1113 b 21-25 : « Les législateurs en
effet punissent et châtient ceux qui font le mal (à moins qu'ils ne l'aient fait par
contrainte ou par une ignorance dont ils ne sont pas eux-mêmes la cause), et ils
honorent ceux qui font le bien, le tout évidemment dans l'intention d'encourager les uns et de retenir les autres ». Voir aussi *De l'interprétation* chap. IX, si le
déterminisme était vrai « il n'y aurait plus à délibérer, ni à se donner de la peine,
dans la croyance que, si nous accomplissons telle action, tel résultat suivra, et
que si nous ne l'accomplissons pas, ce résultat ne suivra pas » (18 b 30 s).

9. *83 Questions diverses*, q. 8 (BA 10, p. 58).

la volonté, et non plus l'âme, devient un principe total et immatériel du mouvement[10]. Ainsi, il n'y a rien qui m'appartienne davantage que ma volonté, c'est même la seule chose qui reste à Augustin quand il se détourne du monde et se tourne vers Dieu : « Je ne possède rien que ma volonté[11]. »

Ayant donné un fondement métaphysique à notre action, Augustin pourra lui donner une extension beaucoup plus grande que ne le faisait Aristote, puisqu'elle recouvre aussi bien ce que nous faisons « malgré nous » : « Cependant, si nous considérons plus précisément, même ce que quelqu'un est contraint de faire malgré lui *(invitus)*, il le fait cependant *avec sa volonté* : mais parce qu'il préférerait autre chose, on dit qu'il fait quelque chose malgré lui, c'est-à-dire en ne le voulant pas. Il est forcé d'agir par quelque chose de mal, et tout en voulant l'éviter ou l'écarter de lui, il fait ce à quoi il est contraint. Car s'il a assez de volonté pour choisir de ne pas faire cela [cette action] que de ne pas subir cela [ce mal], il résiste à celui qui le contraint, et il ne le fait pas. C'est pourquoi, s'il le fait, il ne le fait pas par une volonté pleine et libre, mais il ne le fait que par sa volonté : et puisque cette volonté est suivie d'effet, nous ne pouvons pas dire que le pouvoir a manqué à l'agent[12]. » L'hypertrophie de la volonté est ici manifeste. Même l'action accomplie sous la contrainte est accomplie par mon corps, elle est donc mienne, donc commandée par ma volonté. Certes, je préférerais ne pas l'accomplir, mais j'ai bien voulu faire ce que j'ai fait. La possibilité (même purement théorique) de la résistance héroïque, montre bien qu'une partie de ma volonté a cédé à la contrainte, même si une autre partie voulait le contraire. J'ai fait quelque chose que je voulais moins, mais je l'ai voulu. Plus généralement, même ce que je fais en cédant à la nécessité (contrainte ou convoitise) m'est imputable. Si ma volonté est la puissance suprême qui commande à mes actions, je suis responsable de

10. On retrouvera cette thèse métaphysique chez Henri de Gand et Duns Scot, mais contre Aristote et le principe « tout ce qui est mû est mû par un autre ».

11. *Soliloques*, I, 1, 3.

12. *De spiritu et littera*, 31, 53.

tout ce que je fais, y compris sous la contrainte et par une volonté partielle. Ce n'est pas seulement l'action volontaire qui est imputée à ma volonté, mais aussi l'action contrainte, ce qui préfigure l'adage juridique *coacta voluntas etiam voluntas* (la volonté contrainte est encore une volonté). Nous allons beaucoup plus loin qu'Aristote.

De quelle nature est cette volonté ? Faut-il dire, comme les stoïciens, qu'elle est déterminée à consentir à tout ce qui se présente à elle ? Rappelons la remarque d'Épictète : « ne sois pas surpris s'il persiste dans sa faute, car c'est parce que le succès de son acte s'impose à sa représentation qu'il agit. [... Socrate] savait ce qui met en branle l'âme raisonnable. Semblable à une balance, elle s'inclinera, *qu'on le veuille ou non*[13]. » Pour Épictète, nous n'avons pas la liberté du jugement devant nos représentations, aperçues de telle ou telle manière à un moment donné. Nous ne pouvons que consentir à ce qui nous apparaît comme le meilleur. S'il existe une faute morale, elle se réduit à des erreurs de notre raisonnement et de notre représentation. C'est une faiblesse de l'intelligence. Parce qu'il situe l'origine de notre faiblesse dans l'aspect cognitif, le stoïcisme est encore un platonisme.

Augustin considère au contraire que notre volonté est capable de vouloir une action ou de l'éviter : « Qui, dis-je, pèche en des actes qu'on ne peut nullement éviter ? *Or on pèche. Donc le péché peut être évité*[14]. » De deux choses l'une, soit l'action jugée mauvaise s'impose nécessairement, et je n'en suis pas responsable, soit elle est évitable, et j'en porte la responsabilité. Remarquons l'ordre de l'inférence dans ce raisonnement. On ne peut imputer une action que si elle est libre au sens d'évitable. Or certaines actions nous sont imputées comme des fautes, d'autres comme des mérites. C'est donc que ces actions pouvaient être évitées. C'est une déduction analogue au « tu dois, donc tu peux » de Kant. C'est parce que nous sommes moralement responsables qu'il faut poser une liberté.

Cela ne veut pas dire pour autant que la liberté n'est alors qu'une exigence de la moralité, comme Nietzsche le reproche à

---

13. Épictète, *Entretiens*, II, 26, 5.
14. *Du libre arbitre*, III, XVIII, 50 (BA 6, p. 476).

Kant. La volonté n'est pas un postulat de la raison pratique. C'est en effet pour Augustin l'objet d'une analyse métaphysique : il existe une puissance naturelle automotrice, qui peut se porter d'un côté ou de l'autre, et dont les actes sont donc évitables. Alors que la liberté du sage stoïcien est monovalente : elle se borne à consentir à l'ordre du monde, le libre arbitre selon Augustin est bivalent : il consiste à pouvoir faire une action ou à pouvoir l'éviter. « Quelle que soit la cause qui agit sur la volonté, soit on peut, soit on ne peut pas lui résister : si on ne le peut pas, il n'y a pas de péché à la suivre ; mais si on le peut, que l'on résiste et l'on ne péchera pas [15]. » Le libre arbitre signifie l'évitabilité. Même s'il y a des causes qui conditionnent notre volonté, le fait qu'elle puisse éviter l'action l'en rend moralement responsable. Augustin semble ici se ranger du côté de ce que la philosophie analytique appelle les « libertariens » *(libertarians)*, c'est-à-dire l'idée que le libre arbitre est incompatible avec le déterminisme, et que l'action humaine se caractérise par la contingence. En un sens historique, l'influence d'Alexandre d'Aphrodise semble ici manifeste.

La position d'Augustin, à l'époque du traité *Du libre arbitre,* se laisse donc résumer en trois thèses :

Thèse 1 (T 1). La liberté est orientée vers le bien.
T 2. Le libre arbitre est une qualité de la volonté, par laquelle des actions dépendent de nous.
T 3. Le libre arbitre est la source du choix du bien ou du mal.

La difficulté est alors de comprendre comment la Thèse T 1 est compatible avec la thèse T 2. Augustin résout celle-ci en affirmant que les commandements moraux n'ont de sens que pour un libre arbitre. L'action n'est proprement humaine, c'est-à-dire digne d'éloge ou de blâme, que pour un être qui pourrait ne pas les commettre : « Les préceptes divins eux-mêmes ne seraient d'aucune utilité pour l'homme, si celui-ci n'avait pas le libre arbitre de sa volonté pour les accomplir, et parvenir ainsi aux récompenses promises [16]. » C'est pourquoi, jusqu'à la fin de sa

---

15. *Du libre arbitre* III, XVIII, 50 (BA 6, p. 476).
16. *Sur la grâce et le libre arbitre*, II, 2 (BA 24, p. 92) ; cf. *Sermon* 26, 2 : « Nous avons reçu le libre arbitre en naissant et c'est par le libre arbitre que nous travaillons à devenir justes. »

vie, même dans les moments les plus extrêmes de la controverse pélagienne, Augustin soutiendra que nous avons un libre arbitre. Comme le dira saint Bernard, il faut sans doute la grâce pour être sauvé, mais il faut le libre arbitre pour qu'il y ait quelque chose à sauver.

II. UNE LIBERTÉ AFFECTÉE

En quoi notre volonté est-elle libre ? Qu'est-ce que la liberté de l'arbitre ?

La description du libre arbitre comme capacité de choisir les contraires reste une abstraction métaphysique, même si elle est exigée par notre responsabilité morale. Car même lorsque notre libre arbitre peut choisir le bien ou le mal, la vraie liberté n'est pas de vouloir le bien *ou* le mal ; elle est de vouloir le bien.

Il y a donc une première dissymétrie, liée à l'orientation naturelle de notre volonté : la liberté est l'organe par lequel nous atteignons le bien que nous désirons, et la possibilité de choisir n'en est que la forme ou la modalité. La liberté de choix, c'est-à-dire le libre arbitre de la volonté, est requise pour que notre action soit vraiment humaine et que nous en soyons responsables ; mais choisir, c'est toujours choisir ce qui est bon pour nous. Ainsi, le libre arbitre n'est autre que la manière dont l'homme atteint ce qui est bon pour lui. La liberté de l'arbitre est d'abord une liberté d'évidence du bien, ce n'est pas une liberté d'indifférence. « *Il n'y a en réalité de liberté véritable que celle des hommes heureux, qui s'attachent à la loi éternelle* [17]. » S'il existe un libre arbitre comme capacité de choix, la vraie liberté consiste à ne vouloir que le bien. Il y a donc une tension fondamentale entre deux aspects. À l'époque du *Traité du libre arbitre,* le libre arbitre se présente d'abord comme capacité de pécher ou de ne pas pécher, sans quoi notre action ne serait pas évitable, donc pas morale. Il n'est donc pas la liberté, qui est au sens propre la persévérance dans le bien. « Il y a toujours en nous une volonté libre, mais elle n'est pas toujours bonne » (*De gratia et libero*

17. *Du libre arbitre*, I, XV, 32 (BA 6, p. 257).

arbitrio XV, 31). L'adjectif « libre », dans libre arbitre, n'a finalement pas le même sens que le substantif « liberté », au sens de vouloir le bien [18].

Nous venons de décrire la nature de la liberté. Mais face à cette dissymétrie qui nous oriente vers le bien, il existe la dissymétrie inverse, qui nous oriente vers le mal. Pouvons-nous toujours exercer notre libre arbitre ? Lorsqu'un agent est marqué par les passions et qu'il ne fait plus le bien, peut-il encore l'accomplir ? Un individu marqué par le vice peut-il encore vouloir la vertu contraire ?

Aristote, dans *l'Éthique à Nicomaque*, posait la question dans ces termes : sachant que l'homme vicieux ne peut plus agir de manière contraire à son vice, peut-on dire qu'il est responsable de son vice ? « En menant une vie relâchée, les hommes sont personnellement causes (responsables : *aitioi*) d'être devenus eux-mêmes relâchés, ou d'être devenus injustes ou intempérants, dans le premier cas par leur mauvaise conduite, dans le second en passant leur vie à boire ou à commettre des excès analogues : en effet, c'est par l'exercice des actions particulières qu'ils se font tels. [...] C'est alléguer une absurdité que de prétendre que celui qui commet une injustice ne souhaite pas *(mè boulesthai)* être injuste. [...] C'est de son plein gré qu'il est malade, s'il a vécu dans l'incontinence *(akratôs)* et sans écouter les médecins. [...] de même, il n'est plus possible à celui qui a lancé une pierre de la rattraper. Pourtant, il dépendait de lui *(ep' autô)* de la prendre et de la lancer, car le principe <de l'action> était en lui. Ainsi en est-il pour l'homme injuste ou intempérant : au début il leur était possible de ne pas devenir tels, *donc ils le sont de plein gré* ; mais une fois devenus tels, il ne leur est plus possible de ne pas l'être [19]. » Il y a des habitudes si

---

18. *Cf.* É. Gilson, *Introduction à l'étude de saint Augustin,* Paris, Vrin, 1982², p. 212-214, notamment cette remarque : « La liberté *(libertas)* n'est en effet que le bon usage du libre arbitre *(liberum arbitrium)* ; or, si la volonté reste toujours libre, au sens de libre arbitre, elle n'est pas toujours bonne, et n'est par conséquent pas toujours libre, au sens de liberté » (p. 212, *cf.* n. 2).

19. *Éthique à Nicomaque*, III, 7, 1114 a 3-20. Remarquons encore le sens de l'inférence : même si, actuellement, ils sont impuissants à mieux agir, à l'origine, il leur était possible de ne pas devenir tels, donc ils le sont *de leur*

fortes qu'elles en deviennent irrésistibles. Mais on ne cessera pas pour autant de blâmer celui qui s'y est engagé. Paradoxalement, il est *responsable* de ce qu'il ne peut plus éviter, de ce qu'il fait compulsivement et contre son gré. Par conséquent, l'imputabilité n'implique pas l'évitabilité ou la faculté d'agir autrement. La force des vices n'est pas une cause d'irresponsabilité : car c'est nous-mêmes qui les avons laissés acquérir une telle force. Même ce que nous sommes devenus et à quoi nous ne pouvons plus rien, nous en sommes responsables. – Il dépendait de nous de lancer ou non la pierre que nous tenions, mais une fois lâchée, son mouvement ne dépend plus de nous, et pourtant nous en sommes responsables. Car nous sommes responsables de la première action, qui était évitable, même si elle s'est changée en disposition constante, en *habitude*.

Comme dit l'adage : une fois que la pierre est lancée, elle est entre les mains du diable. La logique du raisonnement semble être ici que le vice est incurable (« il ne leur est plus possible de ne pas l'être »). La dégradation est irréversible. Cela signifie-t-il que l'impuissant est perdu ? Qu'il ne peut plus s'arracher à son vice ? – Je crois que la solution consiste à dépasser la lettre du texte, et à dire qu'il y a des degrés dans le vice. Manifestement, Aristote envisage ici une forme pure et abstraite du vice, il considère celui qui est devenu totalement esclave ; mais si l'agent n'atteint qu'un degré intermédiaire du vice, il lui reste une part d'indétermination et de capacité d'agir autrement. L'exhortation, le blâme et le châtiment, peuvent l'inciter à changer. En réalité, il faut comprendre que le phénomène inverse est possible, même s'il est seulement sous-entendu : l'homme reste l'auteur de son caractère. Il faudrait alors dire que par sa manière d'agir, ou sa forme de vie, il se modifie moralement, tant en bien qu'en mal.

C'est exactement la même forme pure, abstraite, qu'Augustin examine, lorsqu'il considère le pécheur en tant que tel. Même si tout ce qui est en notre pouvoir dépend de notre volonté, dès le traité du *Libre arbitre*, l'homme peut cesser de faire bon usage de sa volonté libre, et perdre la capacité de bien agir : « Quand on

---

plein gré. Le plein gré est ici l'objet de la responsabilité : pour le démontrer, il faut poser qu'à l'origine l'action était libre, même si elle ne l'est plus.

ne veut pas faire le bien que l'on peut, on perd le pouvoir de le
faire quand on veut [20]. » Augustin décrit ici l'*akrasia*, c'est-à-dire
l'incapacité à faire le bien que l'on voit. Mais il le décrit dans les
termes de saint Paul (« vouloir le bien est à ma portée, mais non
pas le faire »), et il le comprend comme une impuissance de la
volonté : « L'homme n'a plus [...] le libre arbitre de la volonté
pour choisir l'action juste. [...] L'ignorance et la *difficulté* sont les
deux peines de toute âme pécheresse [21]. » *Difficultas* est sans
doute ici un équivalent latin d'*akrasia*.

Comme Aristote, Augustin considère la vertu pure ou le vice
pur. Il estime que nous sommes responsables de nos vices, de
nos habitus mauvais. Cette situation peut être saisie dans le
phénomène de la convoitise *(concupiscentia)* par laquelle tous nos
désirs cessent d'être tournés vers leur objet naturel, le bien,
mais sont centrés sur le moi, jusqu'à l'oubli d'autrui, de la loi et
de Dieu – c'est-à-dire finalement du bien objectif [22]. Dans les
Confessions, I, il décrit de manière saisissante la convoitise et la
rébellion des petits enfants, ce qui montre bien qu'ils ne
naissent pas innocents, mais emportés par des passions qui
peuvent les pousser au mal : « *Nul n'est pur de péché en votre
présence, pas même le petit enfant dont la vie n'est que d'un jour sur la
terre* (Job 14, 4-5 – Septante) [...] Quel était alors mon péché ?
Était-ce d'aspirer au sein, bouche ouverte, en pleurant ? Si je
convoitais maintenant avec une pareille ardeur, non pas le sein
nourricier, mais l'aliment convenable à mon âge, on me raillerait
et on me reprendrait à bon droit. Je faisais donc là des choses
répréhensibles. Mais comme je ne pouvais comprendre la réprimande, ni l'usage, ni la raison ne permettaient de me reprendre.
En fait, nous déracinons et rejetons loin de nous ces premières
inclinations, et je n'ai jamais vu homme de sens, pour retrancher
le mauvais, jeter le bon. Ou encore, était-il bien, vu l'âge si

---

20. *Du libre arbitre*, III, XVIII, 52 (BA 6, p. 480).

21. *Ibid.*

22. Voir aussi le traité *Sur le mensonge*, 7, 10 : la *libido* est « l'appétit de l'âme,
par lequel n'importe quels biens temporels sont préférés aux biens éternels » ;
cf. A. Solignac, Note complémentaire 3, « *Libido* et *consuetudo* d'après Augustin »
(BA 14, p. 537-542).

tendre, de pleurer même pour demander ce qu'il serait nuisible de donner ? de s'emporter avec violence contre l'insoumission de personnes plus libres et plus âgées, père, mère, gens sages, ne se prêtant pas au premier désir ? de les frapper, en tâchant de leur faire tout le mal possible, pour avoir refusé une pernicieuse obéissance[23] ? » Puisque nous faisons le mal, et que le libre arbitre nous a été donné pour choisir le bien, Augustin comprend le choix du mal comme une perte de la liberté originelle, à la suite d'une faute de notre volonté. Même si nous n'avons plus la capacité de bien faire, et si nous semblons esclaves du vice, nous en sommes responsables, parce qu'il y avait à l'origine un choix qui dépendait de nous. Au lieu d'y voir, comme Aristote, une conséquence d'un événement datable : notre premier choix du mal, il considère, globalement, que toute action humaine est marquée par cette faillibilité, et il renvoie ce commencement à l'origine de l'histoire : c'est le concept de péché originel[24]. Bref, sous le nom de *péché originel*, Augustin décrit l'origine de l'*akrasia*.

Augustin établit explicitement cette équivalence, dans la dispute *Contre Fortunat*. Contre ce manichéen, il s'agit de rendre compte d'un phénomène paradoxal : tout homme naît, originellement ou par nature, libre, bon et orienté vers le bien, et pourtant, lorsque l'homme choisit le mal, il perd cette liberté. C'est précisément ce qui s'est passé en Adam. Il est remarquable qu'Augustin mette ainsi en parallèle le péché d'Adam et la manière dont les hommes en général perdent leur liberté éthique dans le vice : «Je dis que le libre arbitre se trouvait dans cet homme qui fut formé le premier. Il était ainsi fait que s'il eût voulu observer les commandements de Dieu, rien n'aurait résisté à sa volonté. Mais après qu'il eut péché par sa libre volonté, nous nous vîmes précipités dans la nécessité, nous qui provenons de sa racine. Chacun de nous peut, s'il est assez attentif, trouver que ce que je dis est vrai. En effet, aujourd'hui

23. *Confessions*, I, VII, 11 (BA 13, p. 290-292).
24. Je me permets de renvoyer à O. Boulnois, « La liberté fautive. La question de l'origine du mal, d'Augustin à Duns Scot », *in* M. Mazoyer (dir.), *Le Péché originel. Disputatio* I, Paris, 2008, p. 79-97.

encore, avant d'être entortillés *(implicari)* par l'habitude, nous avons le libre choix *(liberum arbitrium)* de faire quelque chose ou de ne pas le faire. Mais une fois que nous avons accompli cette action dans cette liberté *(libertate)*, que le plaisir et je ne sais quelle douceur pernicieuse de l'action même ont retenu *(tenuerit)* notre âme, elle est si entortillée par son habitude, celle qu'elle s'est fabriquée en péchant, qu'ensuite elle ne peut plus la vaincre. C'est ainsi que nous voyons beaucoup d'hommes refuser *(nolle)* de jurer, mais parce que leur langue est retenue par l'habitude, ils ne peuvent empêcher de laisser s'échapper de leur bouche des mots dont nous ne pouvons nier qu'ils proviennent d'une racine mauvaise [25]. » Toute la difficulté de cette analyse réside évidemment dans la concentration de cette faute – décrite phénoménologiquement à propos de chaque homme – sur un seul, le premier. Comment sa faute *à lui* (« après qu'il eut péché ») nous affecte-t-elle *nous,* sa descendance (« nous nous vîmes précipités dans la nécessité ») ? En tout cas, le parallèle dressé par Augustin montre bien qu'en Adam il s'agit de notre liberté, et qu'en nous il reste la possibilité de répéter le même processus de *chute libre.* La force de l'analyse d'Augustin est bien d'expliquer que le passage de la liberté à la servitude est *lui-même libre.*

Réciproquement, dès lors qu'on a une fois commis le mal, on a perdu le pouvoir de bien agir, ou de ne pas pécher. C'est-à-dire qu'on a perdu la liberté. « Nous avons un libre arbitre pour faire le mal et le bien ; mais pour faire le mal, chacun est libre à l'égard de la justice et esclave du péché, tandis que pour faire le bien, nul ne peut être libre, à moins d'avoir été délivré par [Dieu] [26]. »

Nous arrivons ainsi à trois nouvelles thèses :

T'1 (= T 1) : La liberté est orientée vers le bien.

T'2 (= T 3) : Le libre arbitre est la source du choix du bien et du mal.

T'3 : La volonté est devenue incapable de faire le bien.

La conclusion qui découle de T'3 est radicale : la volonté n'est alors libre que de pécher, c'est-à-dire en vérité qu'elle est

---

25. *Acta seu Disputatio contra Fortunatum Manichaeum,* 22 (PL 42, p. 124-125).
26. *Sur la réprimande et la grâce,* I, 2 (BA 24, p. 270).

esclave du péché. Elle a donc perdu sa liberté : « Le libre arbitre suffit pour le mal, mais pour le bien il est trop faible, s'il n'est pas aidé par le Bien tout-puissant [27]. » – La dissymétrie du libre arbitre éclate alors : il faut que nous ayons un libre arbitre capable du contraire pour que nous puissions bien agir moralement, c'est-à-dire pour que nous en soyons moralement responsables. Si nous choisissions le bien, nous aurions alors la vraie liberté, celle de choisir le bien et d'y persévérer (et donc sans libre arbitre, sans alternative). Mais si nous agissons mal, nous perdons aussi cette ambivalence, car nous serons esclaves de notre convoitise. Or c'est précisément notre situation, car nous avons toujours déjà choisi le mal. Nous sommes toujours soumis au règne de la concupiscence.

Une dissymétrie chasse l'autre. Alors qu'en droit, le libre arbitre tend vers le bien, en fait, plus nous pratiquons le mal, plus nous tombons vers lui. Poussant le raisonnement à la limite, Augustin semble dire que nous perdons même la capacité de bien agir.

III. La perte de la liberté et la faiblesse de la volonté

Le problème, tel qu'il est maintenant construit, est cependant beaucoup plus grave que dans la philosophie d'Aristote [28]. Pour Aristote, l'impuissance à bien agir vient du fait que nous sommes soumis à nos désirs plutôt qu'à la rationalité. Mais cela n'introduit pas de contradiction fondamentale dans la philosophie de l'action, n'en déplaise à Davidson qui refuse justement de poser le problème en termes de désir.

L'impuissance de la volonté décrite par Augustin aboutit à une contradiction radicale : si la volonté est la faculté de « ce qui

---

27. *Sur la réprimande et la grâce*, XI, 31 (BA 24, p. 338).
28. Comme le fait observer R. Saarinen, *Weakness of the Will in Medieval Thought. From Augustine to Buridan*, Leyde, Brill, 1994, p. 26 *sq.*, puisque la faiblesse est concentrée dans la volonté, elle aboutit à une scission interne de la volonté : le même concept englobe le désir invincible, le souhait inefficace et la passion – trois problèmes qu'Aristote distinguait soigneusement.

est en notre pouvoir », comment peut-on à la fois dire que nos actions sont volontaires (y compris, je le rappelle, les actions contraintes), et (comme saint Paul) que nous voulons le bien sans avoir le pouvoir de l'exécuter ? Il s'introduit ainsi une contradiction entre la définition de la volonté – ce qui est en notre pouvoir –, et son exercice : la volonté impuissante veut et ne peut point. Le paradoxe est alors que ce que décide notre volonté, nous ne pouvons pas le faire – ce qui est contraire à la définition initiale du libre arbitre de la volonté.

Augustin lui-même a décrit l'impuissance de sa propre volonté lorsqu'il commençait à désirer se convertir, mais qu'il n'y parvenait pas. « C'est après cela que je soupirais, moi qu'enchaînaient, non des fers étrangers, mais les fers de ma propre volonté. [...] De la volonté perverse naît la passion, de l'esclavage de la passion naît l'habitude, et de la non-résistance à l'habitude naît la nécessité. Et par ces sortes de maillons reliés entre eux – c'est pourquoi j'ai parlé de chaîne – une dure servitude me retenait dans ses liens étroits. Or la volonté nouvelle qui venait de naître en moi – volonté de te servir gratuitement et de désirer jouir de toi, ô Dieu, seul charme véritable – n'était pas encore à même de surmonter ma volonté antérieure, forte de son ancienneté [29]. » De la non-résistance à l'habitude naît la nécessité. Comme Aristote, Augustin décrit le vice comme un habitus enraciné dans la répétition d'actes, si invétéré qu'il devient impossible de s'en libérer. Comme Aristote, il voit l'origine de toutes ces actions dans un premier acte dont nous sommes responsables, même si nous ne pouvons plus rien faire quand l'habitude est profondément devenue une seconde nature. Mais, à la différence d'Aristote, il voit l'origine de cette habitude qui nous conditionne dans un premier acte originel et libre de notre volonté. Ainsi, ce ne sont pas des « fers étrangers » – une contrainte externe – qui rendent ma volonté impuissante, ce sont « les fers de ma propre volonté ». Ma servitude est une servitude volontaire, et c'est aussi ma volonté qu'elle rend esclave. La « volonté nouvelle » de servir Dieu et le

---

29. *Confessions*, VIII, V, 10 (BA 14, p. 28-30).

bien ne parvient pas à « surmonter la volonté antérieure, forte de son ancienneté ».

La faiblesse de la volonté, comme la contrainte, est due à la présence d'une autre volonté qui conspire contre la première.

Augustin avait alors trois possibilités, qu'il a toutes explorées : 1. Affirmer la possibilité d'un surcroît de volonté, pour sortir de son impuissance et la rendre efficace ; 2. Constatant l'échec de cette solution, le recours à la grâce, comme recours et guérison de notre liberté ; 3. La recherche d'un fondement anthropologique à cette solution théologique, dans l'exploration du désir humain.

IV. Vouloir davantage

Le bénéfice intellectuel de l'analyse d'Augustin est manifeste : pour lui, notre faiblesse morale ne s'explique par rien de naturel, par aucun déterminisme de notre caractère, de notre habitude et de notre circonstance. C'est en raison de notre seule volonté que nous n'arrivons pas à bien agir. Le corps n'agit pas sur l'âme [30] : lorsque la chair se révolte contre l'esprit, c'est en réalité l'âme qui se révolte contre elle-même. La faiblesse de notre volonté dépend encore de notre volonté. C'est pourquoi nous en sommes responsables. Mais l'inconvénient est aussi que cette analyse nous enferme dans l'impuissance. Si je suis incapable de bien agir, c'est parce que je conserve en moi la convoitise des biens finis, et que j'ai une volonté divisée, affaiblie, non libre.

Dépasser l'impuissance de la volonté, accomplir ce que je veux, serait possible si je voulais pleinement. Non seulement aller vers Dieu, « mais encore y parvenir, ce n'était pas autre chose que vouloir y aller, j'entends le vouloir fortement et entièrement (*fortiter et integre*), et non pas tourner de-ci de-là et ballotter une volonté à demi blessée, qui lutte par une partie qui

---

30. *De musica*, VI, V, 9 (BA 7, p. 379-381) : « le corps n'est impressionné par l'âme qu'autant qu'elle fait un effort d'activité : jamais non plus il ne la rend passive ; c'est elle qui agit en lui et sur lui comme étant soumis à son empire par la volonté divine. »

s'élève contre l'autre partie qui tombe[31] ». Vouloir, c'est faire. Puisque la volonté porte sur ce qui dépend de moi, si je voulais vraiment, je pourrais accomplir ce que je veux. Or il arrive ce phénomène contraire à l'ordre naturel, monstrueux, que ma volonté commande plus facilement à mon corps qu'elle ne se commande à elle-même d'accomplir le bien. L'impuissance de la volonté s'explique par la scission et la contradiction des volontés. Je veux et je ne peux pas, parce que je veux une chose et son contraire. La conversion est difficile parce que je reste prisonnier des désirs anciens. Si je le voulais de tout mon être et de tout mon amour, je pourrais faire le bien.

Mais justement, tant que j'ai une volonté contraire, je ne veux pas totalement, et tant que je ne veux pas totalement, je ne peux pas ce que je veux : « Il commande, dis-je, de vouloir, lui qui ne commanderait pas, s'il ne voulait pas ; et il ne fait pas ce qu'il commande. Mais il ne veut pas totalement *(non ex toto vult)* ; donc il ne commande pas totalement. Car il commande dans la mesure où il veut ; et ce qu'il commande ne se fait pas, dans la mesure où il ne le veut pas, car, la volonté commande à la volonté d'être, et ce n'est pas à une autre qu'elle, mais à elle-même. Ce n'est pas en tant que pleine qu'elle commande ; c'est pourquoi ce qu'elle commande n'est pas. En effet, si la volonté était plénière *(plena),* elle ne se commanderait même pas d'être, puisque déjà elle serait. *Vouloir en partie, ne pas vouloir en partie (partim uelle, partim nolle)* n'est donc pas un prodige monstrueux, mais une maladie de l'esprit qui ne se dresse pas tout entier, soulevé par la vérité, mais alourdi par l'habitude. Il y a donc *deux volontés,* parce que chacune d'elles n'est pas totale et que ce qui est présent dans l'une est absent de l'autre[32]. » L'âme est prisonnière de l'habitude mauvaise qui l'alourdit. Nous ne nous tournons pas vers le bien le plus grand et le plaisir le plus haut parce que nous avons l'habitude de nous satisfaire de biens inférieurs et de plaisirs moindres. Pour Augustin, la volonté totale a le

---

31. Augustin, *Confessions,* VIII, viii, 19 (BA 14, p. 48).

32. *Confessions,* VIII, VIII, 21 (BA 14, p. 50-52). Voir le commentaire de J.-L. Marion, *Au lieu de soi,* Paris, PUF, 2008, § 27 « Faiblesse de la volonté » (p. 235-241) et § 28 « *Vehementer velle* » (p. 242-251).

pouvoir total de commander à notre corps. Mais l'impuissance vient de ce que notre vouloir est divisé et n'est pas total. Si je voulais de tout mon être, ma volonté serait efficace. Elle est impuissante parce qu'elle est déchirée entre des tendances contradictoires.

Peut-on fonder une éthique sur cette analyse ? Si, plus nous nous enfonçons dans le vice, plus notre libre arbitre se restreint, dans le vice pur, nous n'avons plus de liberté ? Comment espérer qu'au fond du vice, nous pourrions agir autrement et nous en sortir ? En réalité, la contradiction logique de la volonté impuissante est reconduite sur le plan de l'éthique, et tout aussi insoluble. – Pour changer de vie, il me manque une seule chose : le vouloir. Mais cela, je ne le peux pas. L'impuissant ne peut pas s'arracher au manque de volonté par un acte de volonté, pas plus qu'il ne peut se soulever de terre en se tirant par les cheveux.

V. LA GRÂCE

La dissymétrie se retrouve alors : par nous-mêmes, nous ne pouvons pas sortir du cercle vicieux. Seule une réception soudaine du bien peut briser ce cercle en provenant de l'extérieur[33].

Nous pouvons, bien sûr, invoquer la grâce, et dire que le salut vient de Dieu. Seul l'amour de Dieu nous aide à sortir de ce cercle vicieux, qui est le cercle du vice lui-même. Dès les œuvres de jeunesse, y compris le traité *Du libre arbitre,* Augustin a toujours pensé que la liberté ne pouvait s'épanouir sans la grâce : « Même dans les livres *Sur le libre arbitre*, qui n'ont pas le moins du monde été dirigés contre les pélagiens, car ils n'existaient pas encore, mais contre les manichéens, je n'avais pas entièrement passé sous silence la grâce de Dieu que les pélagiens tentent de supprimer par leur impiété sacrilège[34]. » En particulier, Augustin a su très tôt – dès sa lecture et son

---

33. Cf. *Sermon 26*, 3 : « Ainsi donc l'homme a été créé bon, et par le libre arbitre il s'est rendu mauvais : comment alors cet homme mauvais pourrait-il, par le libre arbitre et en abandonnant Dieu, se rendre bon ? »

34. *Les Révisions*, I, IX, 4 (BA 12, p. 318).

assimilation de saint Paul – que, même si la volonté appartenait par nature à l'homme, c'est Dieu lui-même qui « opère en nous le vouloir et le faire, selon une volonté bonne » (*pro bona voluntate, Philippiens* 2, 13). Augustin commente : « il montre ici clairement que la volonté bonne est elle aussi produite par l'action de Dieu ». Puis il ajoute : « Si, en effet, nous demandons si la bonne volonté est un don de Dieu, il serait étonnant que quelqu'un osât le nier[35]. » Augustin était donc convaincu que non seulement la faculté, mais aussi son opération était un don de Dieu – une grâce. La volonté bonne est à la fois l'œuvre de la liberté et celle de la grâce, parce que « d'une façon Dieu nous donne de vouloir et d'une autre ce que nous avons voulu. Il a voulu en effet que le vouloir fût de lui et de nous ; de lui, en appelant ; de nous quand nous suivons l'appel[36] ».

L'autre extrême est la position de Pélage, qui affirme, comme Origène et en s'appuyant parfois sur les textes d'Augustin dans le *De libero arbitrio*, que nous avons un libre arbitre capable du bien et du mal. Dans ce cas, la grâce ne fait que couronner notre mérite. Nous avons bien une anthropologie close, qui permet une description philosophique de la liberté humaine, et la grâce de Dieu vient par surcroît pour sanctifier les justes.

Face à Pélage, qui évoque une liberté capable des contraires, Augustin rappelle la toute-puissance absolue de Dieu, ce qui est un argument théologique. Lors de la controverse avec les péla-

---

35. *Les deux livres à Simplicien sur diverses questions* I, II, 12 (BA 10, p. 468-470). Dans une interprétation purement idéologique, ce primat de la grâce a été considéré par K. Flasch comme une « Logique de la terreur ». *Logik des Schreckens, Augustinus von Hippo, Die Gnadenlehre von 397*, De diversis quaestionibus ad Simplicianum I 2, trad. W. Schäfer, ed., commentaire et postface K. Flasch, Mayence, 1995². Comme le dit G. Madec, « il s'agit dans l'offensive de K. Flasch d'un nouvel avatar de l'endémie théologique dont souffre l'Occident, suivant les mêmes procédés de fixation sur la personne d'Augustin et d'exaspération d'un thème doctrinal controversé » (« Saint Augustin est-il le malin génie de l'Europe ? », *Petites études augustiniennes,* Institut d'études augustiniennes, Paris, 1994, p. 319-330, ici p. 328) ; « On ne croit plus au péché originel ; mais on fait endosser à Augustin le péché originel de la théologie » (« En finira-t-on avec saint Augustin ? », *ibid.,* p. 331-340 ; ici, p. 340).

36. *Les Deux Livres à Simplicien sur diverses questions*, I, II, 10 (BA 10, p. 467).

giens, Augustin découvre la radicalité du déchirement introduit par saint Paul. C'est là qu'il comprend, à la suite d'une lecture de Cyprien et d'Ambroise, que le « moi » de *Romains* 7, 14, et donc l'incapacité à bien agir, n'est pas un moi littéraire, et ne vise pas seulement l'homme sous la loi ancienne, mais peut aussi se référer à Paul lui-même, et par conséquent à tous les chrétiens sous le régime de la grâce [37]. Il cite saint Cyprien de Carthage, selon lequel « il ne faut se glorifier de rien, car rien n'est à nous [38] ». Autrement dit, même les hommes les plus justes, comme l'était sans doute Paul, ne parviendront pas à la sérénité et à la certitude d'être justes ; ils restent soumis à la tentation et à la contrariété, tant qu'ils sont une âme unie à un corps ici-bas. Tous les hommes sont marqués par la faiblesse de la volonté.

Il ne suffit pas de dire que nos actions dépendent de nous ou sont en notre pouvoir, au sens où elles dépendent de notre volonté. Car le principe de nos actions, la volonté elle-même, nous ne le commandons pas, il ne dépend pas de nous. « Le Tout-Puissant opère dans le cœur des hommes le mouvement même de leur volonté [39]. » – Suffit-il encore de dire que nous recevrons la grâce à proportion de notre foi et de notre volonté bonne ? Non, car le commencement de la foi et la volonté bonne ne sont pas seulement l'œuvre de l'homme, mais aussi de Dieu [40]. Il n'y a pas d'autonomie de la volonté humaine dans le bien. Tout le bien que l'homme accomplit vient de Dieu.

Cela ne veut pas dire, à l'autre extrême, que l'homme ne fait rien : quelle que soit sa qualité, il possède une volonté, par laquelle il peut croire, aimer et accomplir une œuvre bonne. Mais la volonté humaine ne se dirige vers le bien que si elle est elle-même mue par Dieu. Ici encore, Dieu est *interior intimo meo*.

En un mot, la liberté humaine et la grâce divine sont présentes dans chaque action. Non seulement la grâce joint le vouloir (qui dépend de nous) au pouvoir (que nous avons perdu),

---

37. *Les Révisions*, I, XXIII, 1 (BA 12, p. 412).
38. *Sur le don de la persévérance*, 14, 36 ; 17, 43 (BA 24, p. 686 et 706).
39. *De la grâce et du libre arbitre*, 21, 42 (BA 24, p. 192).
40. *Sur le don de la persévérance*, 20, 52 (BA 24, p. 728-730) : « même le commencement de la foi est un don de Dieu ».

mais, dans toute action, le vouloir et le faire viennent, indissolublement et simultanément, à la fois de l'homme et de Dieu. « J'ai dit : "Croire et vouloir sont notre œuvre. Celle de Dieu est de donner à ceux qui croient et qui veulent le pouvoir de faire le bien [...]." Cela est assurément vrai ; mais en vertu de la même règle, l'un et l'autre viennent de Dieu, parce qu'il prépare lui-même la volonté, et l'un et l'autre viennent de nous, parce que rien ne se fait sans que nous le voulions [41]. » Dans la liberté en acte, la volonté humaine et la grâce divine ne font pas nombre [42].

VI. La voie de la charité

Mais là encore, il y a un risque à parler de la grâce. On risque d'en parler comme d'un schibboleth, c'est-à-dire d'utiliser la toute-puissance divine comme concept passe-partout qui nous évite d'avoir à penser la liberté humaine. Dans ce cas, seul le théologien aurait la solution du problème, et le philosophe n'aurait plus rien à dire de la liberté. Or il n'est pas possible de jouer sur les deux tableaux, et de construire l'impuissance de la volonté en philosophie, pour prétendre ensuite qu'il n'y a de solution que théologique, dans la grâce. Si la grâce suppose la nature sans l'abolir, il est nécessaire qu'il y ait un support philosophique, sur lequel s'inscrit l'action de la grâce.

41. *Les Révisions*, I, XXIII, 3 (BA 12, p. 414).
42. Ce qu'Augustin reproche aux pélagiens n'est pas d'avoir défendu le libre arbitre, mais de l'avoir (dans les faits, sinon en paroles) opposé à la grâce ; cf. *Sermon* 36, 8 : « ils ont commencé à se montrer, et à disputer contre la grâce, accordant trop, non pas à la liberté, mais à la faiblesse humaine, et n'exaltant la misère de l'homme que pour l'empêcher de se relever en s'attachant à la main divine qui lui est tendue d'en haut ». Certes, Augustin a parfois radicalisé sa conception du rapport entre la liberté humaine et la grâce. Il lui est arrivé d'expliquer ce même texte comme une chaîne imposée par Dieu, pourtant il a toujours maintenu que c'était une violence intervenant sur notre cœur, sur la liberté, mais ne détruisant pas le libre arbitre (cf. *Sermon* 131). Même si c'est Dieu qui nous fait vouloir, il faut rappeler qu'il agit uniquement sur la volonté. Autrement dit, cela reste un acte de notre volonté : nous avons toujours le libre arbitre.

Il serait trompeur de se laisser emporter par les controverses du xvie et du xviie siècle, et d'imaginer que la grâce seule suffit à répondre aux difficultés de l'éthique, et que l'endurcissement dans le péché est irrémédiable, ou le salut définitif. À tout expliquer par la grâce, on n'explique plus rien. Dans le *Sermon* 151, précisément pour illustrer l'idée que le combat moral demeure même chez celui qui a reçu la grâce, Augustin prend l'exemple d'un nouveau baptisé qui aurait eu un penchant pour la boisson avant son baptême : « Le voilà baptisé ; tous ses anciens péchés d'ivrognerie lui sont pardonnés : mais il lui reste la mauvaise habitude et il doit après sa régénération lutter contre elle. [...] Mais voici de nouveau le désir de boire [...]. C'est l'habitude mauvaise qui l'a formé, l'habitude contraire le détruira. [...] Si tu ne l'écoutes pas <ton vice>, si tu ne t'enivres jamais, il ira s'affaiblissant chaque jour [43]. » La grâce du baptême ne guérit pas magiquement de l'ivrognerie ; seul un exercice moral peut y parvenir. Le désir n'est pas changé par la grâce, et seul l'exercice moral peut nous libérer d'une habitude vicieuse.

C'est pourquoi Augustin utilise aussi un argument philosophique : notre libre arbitre est orienté vers le bonheur : « Que penserait-il [Pélage] si quelqu'un d'autre disait : "parce qu'il dépend de nous de ne pas vouloir tomber dans le malheur, nous pouvons aussi bien le vouloir que ne pas le vouloir". Et, cependant, nous ne pouvons absolument pas le vouloir ! Qui pourrait de même vouloir être malheureux [44] ? » L'orientation de notre liberté vers le bien est une limite intrinsèque, une marque de notre finitude, et un argument contre Pélage. L'homme désire par nature être heureux. Nous ne pouvons pas *vouloir* être malheureux. Et pourtant, le vouloir dépend de nous. Autrement dit, c'est une volonté à un seul sens, monovalente. La volonté de bonheur n'est pas bivalente, capable des contraires, et pourtant elle est libre. Par conséquent, notre volonté n'est pas neutre. Nous désirons toujours plus ce qui nous plaît. C'est pourquoi il n'y a pas de symétrie dans une alternative morale : nous sommes toujours déjà orientés vers notre plaisir.

---

43. *Sermon* 151, 4 (trad. Raulx, Bar-le-Duc, 1868).
44. *Sur la nature et la grâce*, 49, 57 (BA 21, p. 350).

Même si nous avons le libre arbitre, nous désirerons toujours ce qui nous apparaîtra comme la voie vers le bonheur. Paradoxalement, la monovalence de notre volonté pécheresse, impuissante à bien agir, s'enracine dans la monovalence du désir de bonheur. Notre liberté est donc impuissante à vouloir indifféremment le bien *ou* le mal. Même si en droit, nous avons les deux possibilités, en fait, nous ne pouvons vouloir que l'un des termes de l'alternative, notre intérêt ou notre agrément.

Or notre liberté est présente, mais elle est blessée : « D'un homme qui a les pieds valides, on pourra dire sans ambages qu'il a, qu'il le veuille ou non, la possibilité de marcher, mais s'il a les pieds broyés, même s'il le veut, il n'en a plus la possibilité [45]. » La possibilité d'accomplir le bien est devenue une pure possibilité logique : c'est elle qui marque ma responsabilité (en droit, je pourrais ne pas faire le mal). Mais ce n'est plus une possibilité réelle. « Vouloir le bien est à ma portée, mais non pas l'accomplir » (Romains 7, 18). Augustin commente : « Voici un homme qui ne fait pas le bien qu'il veut, mais commet le mal qu'il ne veut pas ; *vouloir le bien est à sa portée, mais l'accomplir ne l'est pas.* Où se trouve cette possibilité dont on [Pélage] nous prouve qu'elle est liée à notre nature de manière inséparable [46] ? » Dans la faiblesse de la volonté, l'intelligence voit et approuve le bien que l'agent devrait accomplir, mais la volonté, séduite par le plaisir, se détourne du bien à faire et se porte vers le mal pour l'accomplir. « Ce qui convient est vaincu par ce qui plaît [47]. » « Ce qui leur convient est ce qui leur plaît [48]. »

Augustin retrouve ici une articulation semblable à celle que donnait Aristote au désir humain : le désir tend vers le bien, mais il est séduit par le plaisir, qui est l'apparence, le phénomène du bien *(phainomenon tou agathou).* On peut dire que la volonté se laisse séduire par les biens apparents, aux dépens des biens véritables. Elle ne voit plus la différence entre le phénomène du

---

45. *Sur la nature et la grâce*, 49, 57 (BA 21, p. 352).
46. *Sur la nature et la grâce*, 50, 58 (BA 21, p. 352).
47. *Sur le mariage et la concupiscence*, I, XIII, 27.
48. *Contra duas epistulas Pelagianorum*, I, 2, 5 (BA 23, p. 320).

bien, manifesté par le plaisir, et le bien en soi. Identifier le bien au plaisir, telle est l'origine de toute faute.

Comment s'arracher à cet esclavage ? Par le biais de l'amour de Dieu, au double sens du génitif subjectif et objectif. La grâce est en effet l'amour de Dieu pour les hommes, mais elle suppose aussi l'amour de l'homme pour Dieu. En effet, l'attirance de l'homme vers Dieu, ou du désir vers le bien, est elle-même le fruit de la grâce divine. « Si tu reviens à cette parole : *Personne ne vient à moi si le Père ne le tire*, ne va pas t'imaginer que tu es tiré malgré toi : l'âme est tirée aussi par l'amour. [...] J'affirme : c'est peu que tu sois tiré par ta volonté, tu l'es encore par ta volupté. [... 493] Si le poète a pu dire : "Chacun est tiré par sa volupté" (Virgile, *Églogue* 2, 65), non pas <tiré> par la nécessité, mais par la volupté, non par une obligation, mais par une délectation, combien plus fortement devons-nous dire, nous, qu'est tiré vers le Christ l'homme qui trouve ses délices dans la vérité. [...] Donne-moi quelqu'un qui aime, et il sentira la vérité de ce que je dis [49]. » Dans l'amour, je ressens à la fois une attirance invincible et un mouvement spontané ; l'amour est la coïncidence de la liberté et de la nécessité. La seule monstration de l'être aimé suffit à expliquer l'attraction qu'il exerce. L'attrait passe par un mouvement intérieur : le désir motivé est libre. Le plaisir n'ôte pas la liberté, il est le « poids intérieur de la volonté [50] ». Grâce et liberté ne font qu'un.

Le seul problème est alors de savoir si l'objet de notre amour est un bien apparent, et donc potentiellement un mal, ou

---

49. *Homélies sur l'Évangile de saint Jean* XXVI, 4 (BA 72, p. 491). Cf. *Sermon* 131, 2 : « *"Nul ne vient à moi, si le Père, qui m'a envoyé, ne l'attire"*. Nous ne lisons pas : *Ne le mène*, mais *ne l'attire*. C'est une impulsion donnée au cœur et non au corps. Pourquoi donc t'étonner de ce langage ? Croire, c'est venir ; aimer, c'est être attiré. Ne considère pas cette impulsion comme fatigante et désagréable : elle est douce, elle fait plaisir, c'est le plaisir même qui attire. N'attire-t-on pas la brebis qui a faim en lui montrant de l'herbe ? Alors sans doute on ne lui fait pas violence, mais on se l'attache en excitant ses désirs. Viens au Christ de la même manière ; ne conçois pas l'idée d'un long trajet ; croire, c'est venir, en quelque lien que tu sois. »

50. Selon la belle formule d'Étienne Gilson, *Introduction à l'étude de saint Augustin*, p. 210, n. 4 (contre l'interprétation de Jansénius).

s'il est le bien véritable. La solution ne peut venir que de la manifestation du vrai bien : « Cette révélation, c'est elle-même qui est attraction. Tu montres un rameau vert à une brebis, tu l'attires. On présente une noix à un enfant, il est attiré, et il est attiré où il court, il est attiré par son amour, il est attiré sans aucune atteinte faite à son corps, il est attiré par les liens du cœur. [...] Comment le Christ révélé par le Père n'attirerait-il pas ? Qu'est-ce que l'âme, en effet, désire avec plus de force que la vérité[51] ? » Augustin décrit ici le plaisir comme phénomène du bien. Celui-ci se révèle comme vérité, et se traduit immédiatement par un désir. Que l'objet manifesté soit un rameau, une noix ou Jésus-Christ, le désir du bien qui nous apparaît est tout autant entraîné nécessairement par l'objet, qu'il est spontané pour le sujet désirant. Si le bien n'est qu'un bien infime, partiel, apparent, nous risquons d'être entraînés vers la convoitise et de perdre notre liberté. C'est donc la révélation du vrai qui libère. On peut donc dire que la grâce est en quelque sorte l'enseignement lui-même[52]. Il s'agit d'une connaissance jointe à son accomplissement, d'un véritable savoir pratique, et non d'une pure connaissance théorique[53], « car celui-là est libre en exécutant le commandement, qui l'exécute de bon cœur *(libens)* »[54]. – Désirer le vrai, voilà la liberté. *Gaudium de veritate,* disaient les *Confessions.* Lorsque notre désir est orienté vers l'évidence du vrai, notre liberté ne laisse place à aucune alternative ou aucune indifférence, elle cesse d'être le désir de plaisirs apparents, mais devient la joie issue de la vérité. C'est en effet le désir de vérité qui est en nous, plus fondamental que le désir de l'apparence, parce que l'apparence est toujours une apparence de vérité, et que le désir de plaisir est toujours le désir du vrai[55].

51. *Homélies sur l'Évangile de saint Jean*, XXVI, 4 (BA 72, p. 491).

52. *La Grâce du Christ*, XIII, 14 (BA 22, p. 80) : « Si l'on doit donner à cette grâce le nom de doctrine... »

53. *La Grâce du Christ*, XIII, 14 (BA 22, p. 82) : « Or quiconque connaît ce qu'il doit faire et ne le fait pas, n'a pas encore reçu l'instruction de Dieu d'après la grâce, mais d'après la loi. »

54. *La Grâce du Christ*, XIII, 14 (BA 22, p. 84).

55. Comme le dit D. Doucet, *Augustin,* Paris, Vrin, 2004 : « pour que l'infini possible du désir puisse se réaliser, il faut qu'il passe par une altérité qui

Quelle est alors l'essence de la liberté ? – Nous venons de le dire : c'est l'amour de la vérité.

La thèse soutenue par W. Charlton, selon laquelle la pensée chrétienne a délaissé le problème de l'*akrasia* parce qu'elle est devenue une doctrine de la volonté [56], s'effondre. Au contraire, c'est en entrant dans une doctrine de la volonté qu'elle est devenue extrêmement problématique. Et c'est pourquoi elle a fait l'objet d'élaborations nombreuses et diverses, à commencer par le premier théoricien de la volonté, Augustin. Loin d'être oblitérée par le primat de la volonté, la question de la faiblesse de la volonté est devenue singulièrement aiguë.

Augustin a exploré plusieurs pistes : 1. la recherche d'un surcroît de puissance au sein même de la volonté : seul un effort de la volonté peut permettre à l'agent de s'arracher à ses propres faiblesses – mais nous avons vu qu'à elle seule cette solution le pousse à s'enfoncer dans l'impuissance ; 2. le recours à un don venu d'ailleurs : la grâce – mais il y a danger à prétendre que celle-ci suffit à tirer l'homme d'affaire sans recourir aux moyens humains. Le *Sermon* 151 nous montre qu'Augustin n'a, en vérité, jamais succombé aux sirènes de l'augustinisme, et a toujours maintenu le réalisme moral de l'effort humain. Par conséquent, la véritable solution au problème de la faiblesse réside dans l'éducation du désir (ou la liberté humaine et la grâce divine ne font pas nombre), et dans l'ouverture progressive à l'objet infini d'un désir infini. La liberté est alors à comprendre comme le désir de la vérité.

réponde à cet infini du désir, il faut qu'il passe par une altérité infinie. Celle-ci sera à la fois ce qui le fonde, le révèle à lui-même, la source de la liberté ».

56. W. Charlton, *Weakness of the Will*, Basic Blackwell, Oxford, 1988.

PONDUS MEUM AMOR MEUS,
OU L'AMOUR DE SOI CONTRADICTOIRE

VINCENT CARRAUD

On a affirmé que saint Augustin était « le premier à fournir les éléments d'une doctrine chrétienne de l'amour »[1]. Étayant diversement le jugement qui lui accorde cette priorité parmi les Pères de l'Église et analysant ce qu'il implique eu égard aux formes du néo-platonisme que saint Augustin a pu connaître[2], de nombreuses études ont prétendu restituer ce qu'il est convenu d'appeler « la doctrine augustinienne de l'amour », terminologiques – à partir du triple vocabulaire *dilectio, caritas, amor*[3] – ou théologiques, particulières, comme celles qui ont été

1. Aimé Solignac, note 28 aux *Confessions*, texte de l'édition M. Skutella, trad. E. Tréhorel et G. Bouissou, *in* BA [Bibliothèque augustinienne, Paris, DDB, 1962] 14, 618. Pour les *Confessions*, nous utilisons aussi le texte (M. Simonetti), la traduction (G. Chiarini) et les notes de l'édition de la Fondazione Lorenzo Valla, a cura di J. Fontaine *et alii*, Milan, Mondadori, 5 vol., 1992-1997, ainsi que l'édition de James J. O'Donnell, Augustine : *Confessions*, Oxford, Clarendon Press, 1992. Pour les œuvres de saint Augustin qui ne figurent pas dans la BA, je renvoie à l'édition Vivès des *Œuvres complètes* de saint Augustin, texte des Mauristes, trad. fr. de Péronne, Écalle, Vincent, Charpentier et Barreau, Paris, 34 vol., 1869-1878.

2. Voir Pierre Courcelle, *Les Confessions de saint Augustin dans la tradition littéraire. Antécédents et postérité*, Paris, Études augustiniennes, 1963, I, 1 : « L'influence des *"libri platonicorum"* ».

3. *De civitate Dei*, XIV, VII, 2 (BA 35, 372) justifie l'indistinction scripturaire entre ces trois termes, par ailleurs distingués dans les questions 35 et 36 *De diversis quaestionibus LXXXIII* (BA 10, p. 100-110). Sur cette terminologie, voir Hélène Pétré, *Caritas. Étude sur le vocabulaire latin de la charité chrétienne*, Louvain, Spicilegium sacrum lovaniense, 1948, I (pour saint Augustin, chap. III, p. 90-96), puis Paul Agaësse, Introduction à saint Augustin, *Commentaire de la*

consacrées au commandement d'amour[4] ou au *Commentaire* augustinien de la *Première Épître* de saint Jean[5], ou générales[6]. Le présent propos ne traitera ni de « la doctrine augustinienne de l'amour », ni même du concept d'amour en tant que tel[7]. Son objet sera plus modeste et plus précis. Il portera sur une seule formule, célèbre, que l'on trouve au livre XIII des *Confessions* : *pondus meum amor meus*. La traduire, comme il est courant et légitime de le faire, par « mon poids, c'est mon amour », permet de saisir immédiatement que la notion de poids n'est ni une métaphore[8] ni une simple comparaison, comme l'expression qui compare l'amour à la saisie de la main[9], mais un modèle

---

Première épître de saint Jean, Paris, Cerf (Sources chrétiennes), 1961, et la note de Gustave Bardy au livre XIV du *De civitate Dei*, *in* BA 35, 529-532.

4. Gunnar Hultgren, *Le Commandement d'amour chez Augustin. Interprétation philosophique et théologique d'après les écrits de la période 386-400*, Paris, Vrin, 1939.

5. Paul Agaësse, *op. cit.*, p. 31-102 ; Dany Dideberg, *Saint Augustin et la première épître de saint Jean. Une théologie de l'agapè*, Paris, Beauchesne, 1975.

6. Voir par exemple Fulbert Cayré, *Les Sources de l'amour divin*, Paris, DDB, 1933 ; Gustave Combès, *La Charité d'après saint Augustin*, Paris, DDB, 1934, puis J. Brechtken, *Augustinus Doctor Caritatis. Sein Liebesbegriff im Widerspruch von Eigennutz und selbstloser Güte im Rahmen der antiken Glückseligkeits-Ethik*, Meisenheim am Glan, 1975. Pour une synthèse, voir Tarsicius J. van Bavel, l'article « Love » et sa bibliographie in *Augustine through the Ages. An Encyclopedia*, éd. par Allan D. Fitzgerald *et al.*, Grand Rapids et Cambridge, W.B. Eerdmans Publishing Compagny, 1999, p. 509-516. Les pages consacrées par Anders Nygren à saint Augustin dans *Éros et Agapè : la notion chrétienne de l'amour et ses transformations*, trad. fr. Pierre Jundt, Paris, Aubier, 3 vol., 1944-1952, t. II, 2, font fi de l'identification augustinienne du *De civitate Dei*, XIV, VII, 2.

7. Voir par exemple Hannah Arendt, *Der Liebesbegriff bei Augustin. Versuch einer philosophischen Interpretation*, Berlin, Springer, 1929, rééd. Hildesheim, Olms, 2006 ; *Le Concept d'amour chez saint Augustin : essai d'interprétation philosophique*, trad. fr. Anne-Sophie Astrup, Paris, Rivages, 1996.

8. L'affirmation selon laquelle le poids est une métaphore – de peu de poids ! – est malheureusement fréquente chez les commentateurs : voir l'exemple récent de Robert J. O'Connell, *Soundings in Augustine's Imagination*, New York, Fordham UP, 1994, p. 41.

9. Voir le *Sermo* 125, 7 : « Intendite amorem hominis ; sic putate quasi manum animae. Si aliquid tenet, tenere aliud non potest. Ut autem possit tenere quod datur, dimittat quod tenet. Hoc dico, videte quia aperte dico : Qui amat saeculum, amare Deum non potest, occupatam habet manum. Dicit illi Deus : Tene quod do. Non vult dimittere quod tenebat : non potest acqui-

conceptuel : l'amour est pour moi comme un poids, non pas tant un poids que je porterais (*munus,* une charge, ou *sarcina,* un bagage), mais mon propre poids. Il s'agit donc de comprendre ce qu'implique une pensée de l'amour comme poids. – Pensée devenue étonnante, dès lors qu'une représentation inverse a prévalu dans l'histoire de la spiritualité, selon laquelle le poids ou la pesanteur figurent le péché, et la légèreté ou l'élévation la grâce : qu'il suffise de songer au titre du livre posthume de Simone Weil qui en oppose les termes : *La Pesanteur et la Grâce* [10] ! À tout le moins la formule de saint Augustin est-elle devenue paradoxale. Cette étude n'a d'autre ambition que d'essayer de la prendre au sérieux.

Or prendre la formule augustinienne au sérieux, c'est d'abord raisonner en termes de *lieux* : car le concept de poids s'inscrit dans une théorie du mouvement naturel, qui n'est lui-même explicable, dans la science antique, que par le recours à un principe de finalité opérant dans un espace anisomorphe. Le poids fait passer un corps d'un lieu dans un autre, et il le fait naturellement, jusqu'à ce que ce corps ait atteint, dans cet espace différencié, *son* lieu propre. La fin du mouvement dû au poids, comme la fin de tout mouvement, acte imparfait (ἐνέργια

---

pere quod offertur. [...] Quid est : Noli amare quod possides in hoc saeculo ? Non teneat manum tuam, unde tenendus est Deus. – Considérez l'amour dans l'homme ; pensez-le comme la main de l'âme. Si la main tient quelque chose, elle ne peut en tenir une autre. Or pour pouvoir tenir ce qui est donné, qu'elle laisse ce qu'elle tient. Je vous le dis, voyez, et clairement : celui qui aime le siècle ne peut aimer Dieu, il a la main prise. Dieu lui dit : Tiens ce que je te donne. Il ne veut pas laisser ce qu'il tenait : il ne peut recevoir ce qui lui est offert. [...] Que signifie : n'aime pas ce que tu possèdes dans le siècle ? Que ta main ne le retienne pas, puisque c'est par elle que Dieu doit être tenu » (Vivès, t. 17, 243-244). Ce passage suffit à éviter, lorsqu'on lit les nombreux textes dans lesquels sont opposées âme vide et âme pleine (de Dieu, de soi, des objets du monde, etc.), d'imaginer l'âme comme un contenant quelconque, tel un vase : saint Augustin pense bien plus à la prise de la main. On ne saurait donc dire, comme Aimé Solignac, *ibid.*, que cette comparaison rigoureuse soit simplement une « expression métaphorique ». Quant à la comparaison de l'amour au pied, elle a un autre statut : voir *infra*.

10. Paris, Plon, 1947, éd. par Gustave Thibon.

ἀτελής [11]) est le repos. Concevoir l'amour comme saint Augustin, c'est d'abord en requérir une physique : la question des objets de l'amour et par conséquent la typologie des amours qu'elle permet (y a-t-il de bonnes et de mauvaises amours ? le bien est-il nécessairement l'aimé ? etc.) cessent donc d'être prioritaires au profit d'une interrogation en termes de forces et de lieux. Si l'amour est un poids, il sera affaire de déplacements et le mouvement qu'il provoque s'accomplira dans sa fin, le repos (quies). « Inquietum est cor nostrum, donec requiescat in te. – Mon cœur est sans repos, jusqu'à ce qu'il repose en toi [12] » : mon cœur est en mouvement jusqu'à ce qu'il s'arrête en toi. La thèse inaugurale des Confessions impose d'être d'abord comprise physiquement – et non pas, ou du moins non pas trop vite, spirituellement –, car le Dieu-repos est un lieu [13]. La première question que nous devons poser s'ensuit immédiatement : que gagne la théologie à penser son objet premier, l'amour, selon le modèle physique du poids ?

Nous ne pourrons répondre à cette question qu'en ayant pris la mesure de la thèse réciproque, également présente chez saint Augustin : non plus « mon poids, c'est mon amour », mais « mon amour, c'est mon poids ». Avec cette seconde formulation, c'est le poids qui est conçu comme amour, c'est donc le psychisme de l'amour qui opère comme un modèle en physique. Notre hypothèse sera que l'originalité et la force de la première thèse au sein du christianisme (penser l'amour comme poids) se conquièrent à partir d'un concept extrêmement large d'amour qui organise d'abord la cosmologie augustinienne (le poids comme amour).

L'enjeu de cette double élucidation permettra enfin d'interroger une notion qu'on déclare ordinairement centrale chez saint Augustin, voire qu'on érige en principe [14] : l'amour de soi.

11. Voir Aristote, Physique, III, 2, 201 b 31 : « ἡ τε κίνησις ἐνέργια μέν τις εἶναι δοκεῖ, ἀτελὴς δέ, Le mouvement semble bien être un certain acte, mais imparfait » ; voir aussi Métaphysique, Θ 6, 1048 b 28 ; De anima, II, 5, 417 a 16, etc.

12. Confessions I, 1, 1, BA 13, 272.

13. Confessions I, 11, 2 et III, 3 BA 13, 274-278.

14. Quand bien même on la pose comme un problème : voir Oliver O'Donovan, The Problem of Self-Love in St.-Augustine, New Haven and London,

Or qu'en est-il de l'amour de soi quand l'amour n'est pas tant gouverné par la question de ses objets (soi, le prochain, Dieu, les plaisirs, etc.), qu'il n'est élucidé comme déplacement[15] ? Dans le champ de la philosophie moderne, on a pris l'habitude, prétendument cartésienne, de commencer par la considération du soi, et ensuite seulement d'analyser cet amour singulier qui a le soi pour objet[16]. Saint Augustin n'impose-t-il pas d'adopter une démarche inverse, c'est-à-dire de commencer par concevoir l'amour avant de se donner l'amour de soi ? Peut-on dès lors concevoir une pensée de l'amour où l'essence même de l'amour interdise l'amour *de soi* – non pas parce que l'amour de soi serait ultimement dénoncé comme un mal, mais parce qu'en serait révélée l'impossibilité ? Peut-on rendre contradictoire l'idée même d'amour de soi ?

LE POIDS COMME L'AMOUR

L'amour universel. Ce que nous venons de désigner comme une seconde formulation se trouve exemplairement dans un texte tardif, rédigé vers 413-414 : le livre XI du *De civitate Dei*. Saint Augustin y accède à la considération de l'amour à partir de la triade être-connaissance-amour : « En effet, nous sommes, et nous savons que nous sommes, et cet être et cette connaissance, nous les aimons »[17], triade dont il tire une réfutation des

---

Yale U.P., 1980, qui ne fait cependant guère droit aux textes qui m'intéressent, mentionnés en passant p. 20-21.

15. La conversion elle-même est-elle concevable non comme un retournement ou un pivotement (« se tourner vers ») mais comme un mouvement rectilinéaire ?

16. On observera cependant qu'à la question de l'amour de soi typique des moralistes contemporains, Descartes substitue celle de l'estime de soi : voir Jean-Luc Marion, « Le *cogito* s'affecte-t-il ? », *Questions cartésiennes* I, chap. v, Paris, PUF, en part. p. 172-187, puis André Pessel, « Descartes et la passion de la générosité », *in* Étienne Tassin et Patrice Vermeren (dir.), *Le Partage des passions*, Paris, Répliques contemporaines, 1992, p. 129-137, et Mariana Nowersztern, « Ne pas être sujet ? *Similitudo Dei* : la liberté et son usage, des *Méditations* aux *Passions de l'âme* », *Les Études philosophiques*, 2011, 1, p. 71-83.

17. « Nam et sumus et nos esse novimus et id esse ac nosse diligimus », *De civitate Dei*, XI, xxxvi, BA 35, 112. Une autre formulation de cette triade apparaît dans le livre XIII des *Confessions* aussitôt après le passage que je

arguments des académiciens sous la forme de ce que l'on a pris l'habitude de désigner comme l'un des *cogito* augustiniens [18]. Or ce *cogito* se développe au titre de l'amour par lequel j'aime et l'être et la connaissance, en une sorte de redoublement de la certitude propre à l'amour : « Et quand j'aime ces deux choses, j'ajoute aux choses que je connais ce même amour comme un troisième terme qui ne leur est pas de moindre valeur. Car je ne me trompe pas en m'aimant, puisque je ne me trompe pas sur les choses que j'aime ; et quand bien même elles seraient fausses, il serait vrai que j'aime des choses fausses [19]. » Il y a une vérité de l'amour indépendante de celle des objets aimés. Dans le passage qui nous importe, au chapitre xxviii, saint Augustin introduit l'amour au même titre que l'être et la connaissance : la triade qui, ailleurs, sert d'image de la Trinité [20], est abordée ici de

---

commenterai *infra*. Saint Augustin y pose d'emblée les limites des analogies trinitaires : « Vellem, ut haec tria cogitarent homines in se ipsis. Longe aliud sunt ista tria quam illa Trinitas, sed dico, ubi se exerceant et probent et sentiant, quam longe sunt. Dico autem haec tria : esse, nosse, velle – Je voudrais faire réfléchir les hommes sur trois choses qui sont en eux-mêmes ; trois choses qui sont tout autres que cette Trinité, mais j'en parle pour qu'ils s'exercent là-dessus et vérifient et comprennent combien elles sont tout autres. Je parle des trois choses que voici : l'être, le connaître, le vouloir » (XIII, xi, 12, BA 14, 442).

18. *De civitate Dei*, XI, xxxvi, BA 35, 114 : « Si enim fallor, sum. Nam qui non est, utique nec falli potest ; ac per hoc sum, si fallor. – En effet, si je me trompe, je suis. Qui n'existe pas, certes ne peut pas non plus se tromper. Et pour cela je suis, si je me trompe. »

19. *Ibid.* : « Eaque duo cum amo, eundem quoque amorem quiddam tertium nec inparis aestimationis eis quas novi rebus adiungo. Neque enim fallor amare me, cum in his quae amo non fallar ; quamquam etsi illa falsa essent, falsa me amare verum esset. »

20. Ce texte s'inscrit dans le passage « trinitaire » du livre XI qui résume la doctrine du *De Trinitate* dont il est à peu près contemporain. Saint Augustin a rappelé que cette image de la Trinité avait été reconnue par les platoniciens, qui en ont déduit la tripartition de la philosophie en physique, logique et morale (XI, xxv). Pour autant, il ne s'agit pas ici d'identifier, comme dans le *De Trinitate*, l'être et la connaissance à Dieu, voire de leur appliquer les correspondances trinitaires. Saint Augustin ne travaille pas davantage ici sur le type d'avoir que constitue la connaissance pour l'amour (dans le cas de l'amour, connaître suffit pour posséder) : voir la question 35, *De diversis quaestionibus LXXXIII* (BA 10, 100-102).

façon purement psycho-anthropologique. Ce passage s'ouvre avec le rappel que l'être et la connaissance sont aimés, et qu'ils sont aimés en nous – ce dont saint Augustin dit avoir assez parlé[21]. Mais de cet amour lui-même, il n'a pas encore parlé, et notamment il n'a pas étudié s'il était lui-même aimé. Or c'est bien le cas : l'amour est aimé[22]. La preuve en est que chez les hommes qui sont aimés avec le plus de rectitude, c'est-à-dire avec le plus de justice, l'amour est davantage aimé : davantage, par rapport à quoi ? Plus les hommes aimés avec rectitude font l'objet d'un tel amour (droit), plus l'amour qui est en eux est aimé. Mais qui aime ? Le même sujet vaut pour les deux occurrences du verbe « aimer » : ces hommes aimés avec rectitude sont aimés par d'autres qui les admirent, et ce sont ces mêmes autres qui aiment l'amour qui se trouve dans les premiers. En outre, les hommes de bien éprouvent eux-mêmes de l'amour, et de l'amour pour le bien ; ils ne se contentent pas de savoir ce qu'est le bien, ils l'aiment. Il y a donc là ce que nous pouvons appeler une réflexivité de l'amour : l'amour est aimé.

Cette preuve de la réflexivité de l'amour conduit saint Augustin à passer de l'amour de l'amour chez autrui à l'amour de l'amour en soi : une seule et même personne peut aimer l'amour qui est en elle. En demandant pourquoi nous n'aurions pas le sentiment d'aimer en nous l'amour qui nous fait aimer ce

---

21. *De civitate Dei* XI, xxviii, BA 35, 120 : « De duobus illis, essentia scilicet et notitia, quantum amentur in nobis, et quem ad modum etiam in ceteris rebus, quae infra sunt, eorum reperiatur, etsi differens, quaedam tamen similitudo, quantum suscepti huius operis ratio visa est postulare, satis diximus. – De ces deux points, l'être et la connaissance (combien ils sont aimés en nous, et comment, jusque dans toutes les autres choses au-dessous, on en trouve une ressemblance même éloignée), j'ai suffisamment parlé pour ce que le plan de cet ouvrage a paru demander. »

22. *Ibid.* : « [...] de amore autem, quo amantur, utrum et ipse amor ametur, non dictum est. Amatur autem ; et hinc probamus, quod in hominibus, qui rectius amantur, ipse magis amatur. Neque enim vir bonus merito dicitur qui scit quod bonum est, sed qui diligit. – Mais de l'amour dont ils sont aimés – si cet amour même est aussi aimé –, je n'ai pas parlé. Or, il est aimé : et la preuve en est, que dans les hommes qui sont aimés avec le plus de rectitude, il est lui-même davantage aimé. On n'appelle pas homme de bien, en effet, celui qui sait ce qu'est le bien, mais celui qui l'estime. »

que nous aimons de bien, saint Augustin pose la réflexivité de l'amour au sein d'un même sujet, paraissant – du moins ici – limiter l'amour à l'amour de l'amour de ce qu'il faut aimer. Car nous abritons également un amour mauvais, amour « de ce qu'il ne faut pas aimer », et celui qui aime son bon amour, c'est-à-dire l'amour « de ce qu'il faut aimer », hait son mauvais amour. Ce double amour peut rendre compte de ce que l'amour, par nous, de l'amour en nous puisse être plus problématique que l'amour, par nous, de l'amour chez l'homme de bien : car la présence du second amour (l'amour de l'amour en nous) peut occulter notre amour du premier amour (l'amour de ce qu'il faut aimer). C'est pourquoi la preuve de la réflexivité de l'amour en nous est sans doute plus sensible quand elle repose sur le sentiment que nous avons de haïr en nous certaines amours, haine qui s'accompagne d'un amour de l'amour opposé[23]. La question que pose saint Augustin – pourquoi ne serait-ce pas l'amour même qui nous fait aimer tout ce que nous aimons de bien que nous aurions le sentiment d'aimer en nous ? – naît du constat que nous abritons des amours opposées et que l'amour de l'amour n'est pas identique à l'amour de telle chose, puisque l'amour de l'amour distingue entre les amours. Elle se posera aussi parce que tous les hommes ne sont pas conscients d'avoir un tel amour *réflexif* de leurs amours *directes*[24]. Le chapitre XXVIII du *De civitate Dei*, XI,

---

23. *Ibid.* : « Cur ergo et in nobis ipsis non et ipsum amorem nos amare sentimus, quo amamus quidquid boni amamus ? Est enim et amor, quo amatur et quod amandum non est, et istum amorem odit in se, qui illum diligit, quo id amatur quod amandum est. – Pourquoi donc, nous aussi, ne serait-ce pas l'amour même qui nous fait aimer tout ce que nous aimons de bien que nous aurions le sentiment d'aimer en nous ? Il y a aussi un amour qui fait aimer jusqu'à ce qu'il ne faut pas aimer ; et cet amour, il le hait en lui-même, celui qui estime l'amour qui fait aimer ce qu'il faut aimer. »

24. Saint Augustin ne dit pas ici que nous aimons tous nos amours, puisque si nous avons deux amours opposées, nous ne pouvons aimer que l'un des deux. Il ne dit pas davantage que nous n'aimons que notre amour de ce qu'il faut aimer, puisqu'il n'évoque pas ici un amour du mauvais amour. Saint Augustin se contente de distinguer un amour de premier ordre, portant sur les choses qui peuvent être divisées entre ce qu'il faut aimer ou ne pas aimer, et un amour de second ordre qui accepte ou refuse ce premier amour. C'est à ce second niveau que se situera le libre arbitre, car les premières amours sont des

insiste donc sur le fait que l'amour réflexif distingue entre les amours primitives. Saint Augustin s'appuie sur un fait reconnu (qu'on pourra penser *ensuite* comme le conflit des volontés), pour en tirer un argument en faveur de la thèse de la réflexivité de l'amour. – Ce point étant acquis, saint Augustin peut développer les analogies de cet amour dans toute la création.

Il s'agit désormais de s'en tenir à une stricte perspective physico-cosmologique, par laquelle le concept d'amour lui permet de penser le poids, et par là le mouvement local. « Si nous étions des bêtes, nous aimerions la vie charnelle et ce qui s'accorde à sa façon de sentir ; cela nous serait un bien suffisant, et, puisque nous serions bien en nous y accordant, nous ne chercherions rien d'autre. De même, si nous étions des arbres, nous ne pourrions assurément rien aimer par un mouvement sensible ; et pourtant nous semblerions comme tendre vers ce qui nous rendrait plus fertiles et plus féconds en fruits. Si nous étions des pierres, ou des flots, ou vent, ou flamme, ou quelque chose de ce genre, n'ayant assurément ni sensation ni vie, nous aurions cependant en nous comme une certaine tendance vers nos lieux et vers notre ordre. Car les impulsions des poids sont comme les amours des corps, elles entraînent vers le bas sous l'effet de la gravité, vers le haut sous celui de la légèreté. Le corps, en effet, est emporté par son poids, comme l'âme l'est par son amour, en quelque direction qu'ils soient emportés [25]. »

---

mouvements immédiats de l'âme, qui sont davantage mus que moteurs : pour ce point capital (mais non traité ici), et la théorie de l'assentiment qu'il implique, voir en particulier le livre VII des *Confessions* et le livre III du *De libero arbitrio*.

25. *De civitate Dei* XI, xxviii, BA 35, 122 : « Si enim pecora essemus, carnalem vitam et quod secundum sensum eius est amaremus idque esset sufficiens bonum nostrum et secundum hoc, cum esset nobis bene, nihil aliud quaereremus. Item si arbores essemus, nihil quidem sentiente motu amare possemus, verum tamen id quasi adpetere videremur, quo feracius essemus uberiusque fructuosae. Si essemus lapides aut fluctus aut ventus aut flamma vel quid huius modi, sine ullo quidem sensu atque vita, non tamen nobis deesset quasi quidam nostrorum locorum atque ordinis adpetitus. Nam velut amores corporum momenta sunt ponderum, sive deorsum gravitate sive sursum levitate nitantur. Ita enim corpus pondere, sicut animus amore fertur, quocumque fertur. »

Saint Augustin envisage trois situations dans lesquelles il nous met à la place d'autres créatures inférieures : les animaux, les plantes, les êtres inanimés. Descendant l'échelle des êtres, de ce qui est le plus proche de l'homme à ce qui en est le plus éloigné, ce procédé d'identification imaginaire à la *place* d'autres créatures permet de penser ce qui tient lieu d'amour chez elles. Le bien des bêtes se limite à la vie charnelle, la vie organique et les désirs qui en naissent, et qui portent essentiellement sur la satisfaction de leurs désirs naturels (conservation de soi, reproduction, alimentation). Ce sont là des biens suffisants pour l'animal, qui s'en contente une fois qu'il les a obtenus – ce que nous ferions « si nous étions des bêtes »[26]. Le cas des végétaux fait passer à un niveau du désir qui ne saurait plus être appelé proprement amour – car il ne correspond plus à un « mouvement sensible », à une « tendance ». Conformément aux lieux communs les plus établis des doctrines antiques qui voient la finalité à l'œuvre dans toute la nature, saint Augustin n'hésite pas à parler de désir ou de tendance y compris chez les êtres qui ne sont pas doués de connaissance ni de mouvement. Il admet comme Aristote que la fin est le bien de chaque chose ; ce vers quoi tend la plante est ainsi son bien propre : l'alimentation fournie par les sols plus fertiles que les racines tentent d'atteindre, et la fécondité dans la production des fruits, voire dans la reproduction. Il en va enfin de même des êtres inertes qui sont néanmoins doués d'un mouvement naturel : n'ayant « ni

26. Saint Augustin n'a pas ici en vue la vie charnelle de l'homme, en tant qu'il est animal, et encore moins la vie exclusivement charnelle que peuvent mener certains hommes, et qui serait la vie selon le vieil homme, ou selon la loi du péché pour reprendre les formules de saint Paul qu'il affectionne. Il est toutefois possible de lire par contraste que, puisque nous ne sommes pas des bêtes, cette vie n'est pas la nôtre, et que ces biens ne sont ni des bien suffisants, ni « ce qu'il faut aimer », du moins en premier. L'argument ne vise pas tant à opposer l'homme aux autres créatures – afin de dire que, s'il se contentait des biens poursuivis par ces créatures, il ne vivrait pas conformément à sa nature, et donnerait sa préférence à « ce qu'il ne faut pas aimer » – qu'à montrer comment l'amour qui fait progresser l'homme vers la guérison (fin 1er §, chap. XXVIII, BA 35, 120) est le cas particulier d'un principe universel à l'œuvre dans toute la création.

sensation, ni vie », ils conservent néanmoins une « certaine tendance » vers leur lieu propre et leur ordre.

La neutralité du poids. L'usage augustinien de la doctrine des lieux et des tendances est suffisamment imprécis pour qu'on y voie simplement une vulgate de la philosophie de son temps : la théorie d'un espace anisomorphe dans lequel opère un déplacement finalisé. Si l'on fait référence à la doctrine aristotélicienne des lieux propres[27], ce n'est pas pour y voir une source directe de la pensée augustinienne – quoiqu'il ne soit pas facile de savoir exactement ce que saint Augustin a lu, une connaissance directe du corpus aristotélicien[28] semble devoir être exclue –, mais bien plutôt à la fois pour essayer de mesurer ce qui en provient indirectement et pour relever quelques écarts significatifs. Aristote s'appuyait sur une cosmologie des deux principes du lourd et du léger (inégalement répartis dans les quatre éléments : terre, eau, air et feu) et de l'ordre du monde sublunaire ayant pour centre le centre du monde (le bas, vers lequel tend le lourd et tout ce en quoi le lourd prédomine, donc toujours la terre[29], selon un mouvement rectiligne centripète) et pour point haut l'orbe de la lune, vers lequel tend tout ce en

27. La pertinence accordée par saint Augustin à la théorie du lieu naturel me paraît interdire de considérer sa doctrine du poids comme platonicienne. Si la double expérience imaginée dans le *Timée* (les deux parties de feu puis de terre mises de force en balance dans l'air, *Timée*, 62-63) permet bien à Platon de déterminer les concepts de lourd (et par conséquent de bas) et de léger (et par conséquent de haut), la tendance qui porte un corps à se mouvoir n'est décrite que comme tendance vers l'ensemble des corps auxquels il est semblable (πρὸς τὸ συγγενὲς ὁδός) et par conséquent séparation d'avec les corps dont il est dissemblable (ἀνόμοιον).

28. Les passages du *De civitate Dei* (par exemple XXII, XI, 2, à propos des quatre ou cinq éléments) qui rapportent les opinions professées par les péripatéticiens ou ceux du livre XII des *Confessions* sur la matière première ont si peu de rapport avec la doctrine d'Aristote lui-même que Pierre Duhem a pu en conclure que saint Augustin ignorait purement et simplement la théorie physique aristotélicienne : voir *Le Système du monde*, t. II, Paris, 1913, rééd. Librairie scientifique Hermann, 1954, p. 410 et 431-438.

29. Sur la coïncidence entre le centre de la Terre et le centre du monde, et sur l'immobilité de la Terre, voir *De caelo*, II, 14, 296 b.

quoi le léger prédomine, donc toujours le feu, selon un mouvement rectiligne centrifuge [30]. Le *De caelo* [31] explicite en deux temps principaux ces déterminations du lourd et du léger : livre I, 3 pour la première définition du lourd (τὸ βαρύ), ce qui tend vers le centre, et du léger (τὸ κοῦφον), ce qui s'en éloigne, puis livre IV, 4-5 et 8 pour le lourd et le léger relatifs et absolus (πρός τι βαρὺ, πρός τι κοῦφον) [32]. Or, pour Aristote, le feu n'a aucun poids (aucune « lourdeur »), et la terre, aucune « légèreté » : le feu élémentaire est simplement léger, la terre élémentaire simplement lourde [33]. Autrement dit, il ne semble pas qu'Aristote ait mis en œuvre un concept *unique* de « poids » (et l'ait exprimé avec un seul mot) pour penser à la fois la tendance du feu à monter et de la terre à descendre, donc un concept commun à la lourdeur et à la légèreté, du moins un concept autre que celui de mouvement naturel. On peut plus vraisemblablement

30. Voir *Physique*, IV, 4, 211 a.

31. C'est principalement sur le *De caelo* IV (*via* une éventuelle médiation stoïcienne) que s'appuie Silvia Magnavacca dans « Antecedentes e innovacion agustiniana en la nocion de "pondus" », *Patristica et mediaevalia* (Buenos Aires), 1985, VI, p. 3-18, pour y voir un « antécédent » de la pensée augustinienne ; quant à « l'innovation », elle résiderait dans l'interprétation de *Sagesse* 11, 21 qui ferait du poids un « transcendantal ».

32. Voir aussi *Physique*, IV, 8, 214 b12-16 et V, 6, 230 a19 *sq.* et VIII, 4, 255 a28 *sq.* Sur « Heavy and Light », voir après Pierre Duhem, *Le Système du monde*, *op. cit.*, t. I, p. 205-210, Friedrich Solmsen, *Aristotle's System of the Physical World. A Comparison with his Predecessors*, Ithaca (NY), Cornell University Press, 1960, chap. 13, p. 275-286 (en particulier l'opposition au *Timée*, 63e). Pour une présentation claire de l'analyse aristotélicienne du mouvement, voir Lambros Couloubaritsis, *L'Avènement de la science physique. Essai sur la* Physique *d'Aristote*, Bruxelles, Ousia, 1980, chap. v. Pour les antécédents et le contexte des théories aristotéliciennes, voir aussi Denis O'Brien, *Theories of Weight in the Ancient World. Four Essays on Democritus, Plato and Aristotle. A Study in the Development of Ideas*, Paris, Les Belles Lettres, et Leyde, Brill, 1981 s. (seuls les deux premiers volumes ont paru, consacrés à Démocrite et Platon).

33. Le corps (simplement) lourd est le corps qui est simplement en puissance d'occuper le centre du monde, le (simplement) léger celui qui est simplement en puissance d'occuper le lieu contigu à l'orbe de la lune. Sur la détermination d'une matière particulière par sa capacité à occuper tel lieu naturel (acte dont cette matière est en puissance), voir Pierre Duhem, *ibid.*

convoquer Cicéron, dans un passage des *Tusculanes*[34], que saint Augustin connaît et cite fréquemment[35]. Mais chez Cicéron encore, les deux couples *nutus/pondus* et *gravitas/pondus* semblent constituer des couples de synonymes : le poids *(pondus* ou *gravitas)* attire toujours vers le bas. À notre connaissance, il n'a pas de concept proprement physique qui réunisse le mouvement vers le haut et le mouvement vers le bas[36]. Saint Augustin au contraire – là est l'essentiel – subsume sous l'unique concept commun de *pondus* les deux impulsions contraires, vers le haut et vers le bas[37]. Denis O'Brien a suggéré que c'est peut-être

34. « [...] eam porro naturam esse quattuor omnia gignentium corporum, ut, quasi partita habent inter se ac divisa momenta, terrena et humida suopte nutu et suo pondere ad pares angulos in terram et in mare ferantur, reliquae duae partes, una ignea, altera animalis, ut illae superiores in medium locum mundi gravitate ferantur et pondere, sic hae rursus rectis lineis in coelestem locum subvolent, sive ipsa natura superiora adpetente, sive quod a gravioribus leviora natura repellantur. – [...] nous savons encore que la nature des quatre éléments, principes de toutes choses, est telle que les lois du mouvement auxquelles ils sont soumis leur assignent pour ainsi dire deux directions opposées ; les éléments de terre et d'eau sont entraînés vers la terre et vers la mer par leur tendance propre et par leur poids, selon la verticale ; les deux éléments qui restent, l'un qui est de feu, l'autre qui est de souffle, au lieu d'être comme les deux précédents entraînés vers le milieu du monde [le *kentron* des mathématiciens] par la pesanteur [*gravitate*] et par leur poids [*pondere*], gagnent en ligne droite la région du ciel en sens inverse, soit qu'il soit dans leur nature même de tendre vers les régions plus élevées, soit que les éléments plus lourds repoussent naturellement ceux qui sont plus légers », *Tusculanes*, I, 17, 40 (trad. Jules Humbert, Paris, Les Belles Lettres, 2e éd. 1960) ; voir aussi V, 24, 69. On observera que le doublet *gravitas/pondus*, qui relaie le doublet *nutus/pondus*, ne semble pas indiquer que les deux mots puissent n'être pas synonymes.

35. Sur la lecture des *Tusculanes* par saint Augustin, voir Maurice Testard, *Saint Augustin et Cicéron*, 2 vol., Paris, Études augustiniennes, 1958, t. II, p. 133-134 (tableau des références) et t. I, p. 210 et 215 (qui juge cependant les citations d'intérêt secondaire, du moins par rapport au *De republica* et à l'*Hortensius*).

36. Voir les stoïciens, en particulier SVF, I, 27, 31-28, 4 ; II, 162, 14-23 ; 175, 16-35 ; 177, 35-37 ; 195, 7-10.

37. De ce point de vue, Malebranche s'avérera être l'héritier de saint Augustin, du moins littéralement, puisqu'il n'hésite pas à employer « poids » et pour la grâce et pour le péché (également pensé comme contrepoids à la grâce) : « Le plaisir est donc comme le poids de l'âme ; il la fait pencher peu à peu, et il l'entraîne enfin vers l'objet qui le cause ou qui semble le causer [...]. Nous recevons le poids de la grâce, cette délectation victorieuse qui passe tout

chez Jamblique[38] que saint Augustin aurait trouvé la théorie de
la double pesanteur, à la fois lourdeur et légèreté[39]. Quoi qu'il
en soit, ce qui importe pour saisir l'enjeu de la soumission du
poids au modèle de l'amour, c'est la *neutralité* du poids, qui
nomme à la fois l'impulsion vers le haut pour les corps légers et
vers le bas pour les corps lourds, là où il y avait deux mots chez
Aristote ou Cicéron : *pondus* cesse de désigner le seul mouvement vers la terre pour s'appliquer à la direction d'un corps vers
son lieu propre, quel qu'il soit. Le poids ne va pas forcément en
bas : « Pondus enim est impetus quidam cujusque rei, velut
conantis ad locum suum. – Le poids est en effet l'impulsion
d'une chose quelconque, en tant qu'elle s'efforce vers son
lieu[40]. » Il ne faut donc pas assimiler *pondus* et *gravitas*[41]. Le

---

sentiment [...], et qui nous attire à Dieu nonobstant même le poids
incommode de nos passions et des plaisirs des sens. [...] Un enfant d'Adam,
quelque saint et juste qu'on le veuille supposer, sent toujours un poids qui le
porte vers la terre, et qui contrebalance l'effort que le poids de la grâce fait sur
son esprit. Or comme le poids de la grâce ne dépend pas de nous, et que ce
poids agit d'autant plus que le poids de la concupiscence est plus léger, il est
visible que tout homme est dans une obligation très étroite de diminuer ce
dernier poids [...] », *Méditations sur l'humilité et la pénitence*, VIe et VIIIe considérations, OCM XVII-1, p. 400-401 et 406.

38. *De Mysteriis* et peut-être le *Commentaire* des *Catégories*, selon Simplicius,
Cat., 128, 32-35 ; voir James J. O'Donnell, Augustine : *Confessions*, éd. citée,
t. III, Commentary on Books VIII-XIII, p. 356-359.

39. « Pondus meum amor meus. Saint Augustin et Jamblique », *Revue de
l'histoire des religions*, 198, 4, 1981, p. 423-428 puis *Studia patristica*, 16, 1985,
p. 524-527, suivi par Robert J. O'Connell, *Imagination and Metaphysics in
St. Augustine*, Milwaukee, 1986, p. 16 *sq*. Aucun des textes cités n'étant réelle-
ment probant, nous inclinerions plutôt à penser que l'origine *philosophique*
éventuelle de la dualité du *pondus* augustinien vient de l'ambivalence qu'avait
οδός dans le *Timée*, 63 e4.

40. *Commentaire du psaume*, 29, *enarratio*, 2, 10, Vivès, t. XI, 825-826. Voici
l'ensemble du passage : « Pondera gemina sunt. Pondus enim est impetus
quidam cujusque rei, velut conantis ad locum suum : hoc est pondus. Fers
lapidem manu, pateris pondus ; premit manum tuum, quia locum suum
quaerit. Et vis videre quid quaerat ? Subtrahe manum, venit ad terram, quescit
in terra : pervenit quo tendebat, invenit locum suum. Pondus ergo illud motus
erat quasi spontaneus, sine anima, sine sensu. Sunt alia quae sursum versus
petunt locum. Namque si aquam mittas super oleum, pondere suo in ima
tendit. Locum enim suum quaerit, ordinari quaerit : quia praeter ordinem est

pondus du *De civitate Dei* comprend à la fois *gravitas* et *levitas* : c'est pourquoi « pondera gemina sunt »[42], le poids est double[43].

Le fardeau léger.

Il est remarquable que cette bidirectionnalité du poids (que je pèse) puisse valoir aussi pour ces poids que je porte (qui pèsent sur moi), qu'expriment les mots *onus*, la charge, ou *sarcina*, le bagage ou le paquetage du soldat, que saint Augustin n'hésite pas à employer de façon paradoxale, conformément au paradoxe évangélique selon lequel le fardeau du Christ est léger. Il y a là peut-être la véritable source de la dualité augustinienne du poids. Nous lisons dans la Vulgate : « Iugum meum suave est, et onus meum leve. – Mon joug est doux, et mon fardeau léger » (Matthieu 11, 28). Saint Augustin cite ce verset en employant *sarcina* et non *onus*, pour traduire φορτίον,

---

aqua super oleum. Donec ergo veniat ad ordinem suum, inquietus motus est, donec teneat locum suum. – Le poids est double. Car le poids est l'impulsion d'une chose quelconque, en tant qu'elle s'efforce vers son lieu : tel est le poids. Prends une pierre en main, tu en subis le poids ; elle presse ta main, car elle cherche à atteindre son lieu. Et tu veux savoir ce qu'il cherche ainsi à atteindre ? Retire ta main, elle va en terre et s'y pose : elle est parvenue là où elle tendait, elle a trouvé son lieu. Donc ce poids était un mouvement quasi spontané, sans âme ni sensation. Au contraire, il est des choses qui cherchent leur lieu de bas en haut. En effet, si tu jettes de l'eau sur de l'huile, l'eau tend par son poids à passer en bas. Elle tend en effet vers son lieu, elle cherche à se mettre en ordre ; car de l'eau au-dessus de l'huile, ce n'est pas en ordre. Donc, jusqu'à ce qu'elle rentre dans son ordre, jusqu'à ce qu'elle trouve son lieu, il y a un mouvement inquiet. »

41. La *lettre* 55, Vivès, t. IV, 468, dit de même que le poids naturel (*sincerum*) de l'âme la fait monter, comme l'huile dans les autres liquides.

42. *Commentaire du psaume*, 29, *enarratio*, 2, 10, Vivès, t. XI, 825.

43. Rien d'étonnant donc à ce que *pondus* soit aussi employé pour figurer le péché, quoique plus rarement, comme par exemple au livre VII des *Confessions*, XVII, 23 : « Non stabam frui Deo meo, sed rapiebar ad te decore tuo moxque diripiebar abs te pondere meo et ruebam in ista cum gemitu ; et pondus hoc consuetudo carnalis. – Je n'étais pas stable dans la jouissance de mon Dieu, mais j'étais emporté vers toi par ta beauté, et bien vite violemment déporté loin de toi par mon poids, et je m'écroulais dans les choses d'ici bas en gémissant ; et ce poids, c'était l'habitude charnelle » (BA 13, 626) – si la langue de saint Augustin est riche et dense, elle ne s'astreint jamais à la systématicité. C'est cette expérience d'une instabilité fondamentale qui conduit saint Augustin à citer *Sagesse*, 9, 15 (voir *infra*).

comme dans le *Commentaire du Psaume* 59, 8 : « "Sarcina mea levis est". Alia sarcina premit et aggravat te ; Christi autem sarcina subelevat te ; alia sarcina pondus habet, Christi sarcina pennas habet. – "Le bagage que j'impose est léger". Un autre bagage t'appesantit et te surcharge ; mais le bagage du Christ t'allège ; un autre a du poids, le bagage du Christ a des ailes [44] ». Le bagage du Christ soulève dans la mesure où il est soulevé ; c'est pourquoi il donne des ailes, faisant de nous comme des oiseaux : « Nam et avi si pennas detrahas, quasi onus tollis ; et quo magis onus abstulisti, eo magis in terra remanebit. Quam exonerare voluisti, jacet ; non volat, quia tulisti onus : redeat onus, et volat. Talis est Christi sarcina. – En effet, supprimer à l'oiseau ses ailes, c'est comme lui ôter un poids ; et plus on lui enlèvera ce poids, plus il restera à terre. L'oiseau qu'on a voulu alléger gît ; il ne vole pas, parce qu'on lui a ôté ce poids : qu'on lui rende ce poids, il volera. Tel est le bagage du Christ [45]. » Les *Confessions* interprètent selon l'hendiadyn la *sarcina Christi* : le bagage qu'impose le Christ, c'est le Christ lui-même comme bagage, tout en intériorisant ce bagage : le Christ me remplit, et ce faisant m'allège de son poids. Ainsi en X, 28, 39 : « Quoniam quem tu imples, subelevas eum, quoniam tui plenus non sum, oneri mihi sum. – Puisque tu soulèves celui que tu remplis [le substantif correspondant à *subelevare* serait *pondus*], n'étant pas rempli de toi je suis un poids [*onus*, le poids extérieur] pour moi [46]. » La lettre 55 *à Janvier*, à laquelle nous reviendrons plus loin, oppose semblablement le verbe *aggravare* (alourdir, appesantir) au *pondus sincerum* (le poids naturel) qui fait tendre au

---

44. Vivès, t. XIII, 10 ; sur ce texte, voir Jean-Luc Marion, *Au lieu de soi. L'approche de saint Augustin*, Paris, PUF, 2008, p. 215, qui cite des passages parallèles et à qui nous empruntons l'expression « le bagage que j'impose ». On observera en outre que le même concept de *sarcina/onus* donne lieu à deux verbes opposés, *gravare* et *tollere* : « Dividuntur humeri, ut alios gravent peccata sua, alli tollant sarcinam Christi, Il y a deux types d'épaules : leurs péchés alourdissent les unes, les autres soulèvent le bagage du Christ » – et par là sont soulevées par le bagage du Christ.

45. *Ibid.*

46. BA 14, 208.

lieu propre : au contraire des choses qui viennent du corps[47], le poids propre de l'âme ne l'alourdit pas[48] ; les choses qui appesantissent constituent en réalité un obstacle au poids naturel (« ut sincerum pondus impediant »). Ainsi la neutralité du concept augustinien de poids nous paraît-elle devoir bien davantage au paradoxe scripturaire d'un fardeau léger qu'à la doctrine physique commune dans laquelle elle prend naturellement place.

Le poids et l'ordre[49]. Le poids indique donc d'abord une direction. Saint Thomas d'Aquin, en cela strictement augustinien, s'en souviendra, chez qui ordre et poids sont souvent synonymes. En définissant ainsi le *pondus* : « inclinatio ad suos actus suumque finem, ac proinde hoc pondus rem ipsam ad suam quietem et stabilitatem trahere[50] », la *Summa theologiae*

47. Sur la « sentence », pour saint Augustin lui-même, de *Sagesse*, 9, 15 (« Corpus enim quod corrumpitur aggravat animam, et terrena inhabitatio deprimit sensum multa cogitantem »), citée (une seule fois) dans les *Confessions*, VII, xvii, 23 (BA 13, 626) et sur son interprétation achardienne, voir l'éclaircissement XVIII (« Autour de *Sagesse*, IX, 15 : un condensé de spiritualité augustinienne ») d'Emmanuel Martineau à son édition et sa traduction d'Achard de Saint-Victor, *De unitate Dei et pluralitate creaturarum*, Saint-Lambert-des-Bois, Authentica, 1997, p. 251-253.

48. *Lettre*, 55, 10, 18, Vivès, t. IV, 468 : « Et multa quidem per corpus delectant, sed non est in eis aeterna requies, nec saltem diuturna ; et propterea magis sordidant animam, et aggravant potius, ut sincerum ejus pondus, quo in superna fertur, impediant. – Certes, beaucoup de choses plaisent par le corps, mais dans lesquelles il n'y a pas de repos éternel, ni même durable ; bien plus, ces choses souillent l'âme, et l'appesantissent plutôt, de sorte qu'elles empêchent son poids naturel, par lequel elle est emportée vers les choses d'en haut. » Voir *infra*.

49. Sur ces deux concepts, la thèse ancienne de Max Walther, *Pondus, dispensatio, dispositio. Werthistorische Untersuchungen zur Frömmigkeit Papst Gregors des Grossen*, Berne (Kriens), 1941, fournit l'ensemble du dossier scripturaire concernant *pondus* dans la Vulgate, en particulier p. 47-49 et 57-65 (montrant que c'est à saint Grégoire le Grand que l'on doit la valeur humiliante de l'emploi de *pondus*) ; on la complétera désormais pour saint Augustin avec Anne-Isabelle Bouton-Touboulic, *L'Ordre caché. La notion d'ordre chez saint Augustin*, Paris, Institut d'études augustiniennes, 2004, p. 148 *sq*. Rappelons simplement ici l'analogie du *De Trinitate*, VI, x, 12, BA 15, 498 : toute œuvre de l'art divin implique un certain ordre, comme les poids et les positions des corps, et les amours et les plaisirs des âmes ; voir aussi *De Trinitate*, VIII, 11, 3.

50. *Summa theologiae*, Ia p. , q. 5, a. 5, obj. 1 et concl.

cite explicitement le *De Genesi ad litteram*, IV, III, 7 : «pondus omnem rem ad quietem et stabilitatem trahit[51].» Et comme il n'y a pas de poids en Dieu, puisque Dieu est mesure sans mesure, nombre sans nombre, *pondus sine pondere*[52], il est légitime que saint Augustin puisse remplacer *pondus* par *ordo* dans la citation de *Sagesse*, 11, 21 : «Omnia in mensura, et numero, et pondere disposuisti[53].» Un texte remarquable, qui semble provenir de «l'atelier de saint Augustin»[54], le *Liber XXI Sententiarum*, fait correspondre à la Trinité la triade *mensura-numerus-pondus* et

51. BA 48, 289-290. Le passage entier est le suivant : «Secundum id vero, quod mensura omni rei modum praefigit et numerus omni rei speciem praebet et pondus omnem rem ad quietem ac stabilitatem trahit, ille primitus et veraciter et singulariter ista est, qui terminat omnia et format omnia et ordinat omnia [...]. – Au sens où la mesure assigne à toute chose sa limite, où le nombre donne à toute chose sa forme, où le poids entraîne toute chose vers son repos et sa stabilité, il [Dieu] est primordialement et singulièrement tout cela [...].»

52. *Ad Orosium* : «Ipse est pondus sine pondere, a quo est omne pondus» ; voir aussi le *De Genesi ad litteram*, l. IV, IV, 8, BA 48, 290-292.

53. Voir Werner Beierwaltes, «Augustins Interpretation von *Sapientia* 11, 21», *Revue des Études augustiniennes*, 15, 1969, p. 51-61 puis Anne-Marie La Bonnardière, *Biblia augustiniana. AT. Le Livre de la Sagesse*, Paris, Études augustiniennes, 1970, p. 90-98. Il en va évidemment de même pour la triade *modus/species/ordo* : voir par exemple *De Genesi contra manichaeos*, I, 16, 26. Sur les triades augustiniennes (envisagées avant 391), voir surtout Olivier du Roy, *L'Intelligence de la Trinité selon saint Augustin*, Paris, Études augustiniennes, 1966, p. 279-297, 380-388 et 421-424 ; voir aussi la note 18 (P. Agaësse et A. Solignac) in BA 48, 635-639 : «La *mesure* donne à l'être sa détermination [...]. Le *nombre* donne à l'être sa *species* [...]. Le *poids* établit l'être dans son *ordre* propre : c'est le mouvement tendanciel qui oriente l'être vers sa fin, et donc vers son *repos* et sa *stabilité*». Pour une analyse de la formule des *Confessions* menée à partir la triade de *Sagesse* 11, 21 (et sur le rapport *mensura/modus*), voir Hélène Machefert, «Le poids de l'amour. Une lecture de *Confessions*, XIII, 9, 10», in *Saint Augustin*, éd. par Maxence Caron, Paris, Cerf, «Les Cahiers d'histoire de la philosophie», 2009, p. 343-366.

54. Voir François Dolbeau, «Le *Liber XXI sententiarum* (*CPL* 373) : édition d'un texte de travail», *Recherches augustiniennes*, 30, 1997, p. 113-114, pour qui cette «œuvre – informe et déconcertante au premier abord – représente l'édition posthume de "papiers" d'Augustin, datables des années 386-395» ; ainsi permet-elle de mieux appréhender la genèse de la philosophie augustinienne ; voir déjà, du même éditeur, «Un poème philosophique de l'Antiquité tardive : *De pulchritudine mundi*. Remarques sur le *Liber XXI sententiarum* (*CPL* 373)», *Revue des Études augustiniennes*, 42, 1996, p. 21-43.

théorise l'engendrement de l'ordre et son équivalence avec le poids, puisque le poids ordonne : « Mensura unum potest intelligi. Numeri enim ab eo mensurantur, ut mensura possit Pater intelligi et numerus ipse Filius, pondus Spiritus Sanctus ; amor est enim. Nam qui amat dicitur, pendet ab amore, et qui pendet ad aliquid venturus est. Erit namque numerus de mensura ; et inde ipse ordo sequitur. A pondere dicitur pendet[55]. Ad ordinem nisus pertinet. Ordo enim potest etiam et pondus accipi : pondus conatus esse potest ad locum, conatus vel conati ad locum appetitus occurrit : pondus ergo ad ordinem pertinet[56]. » L'*ordo* comme (et selon) le *pondus* déterminent la finalité de toutes choses[57]. La comparaison du poids avec l'amour (entendons toujours ici le modèle de l'amour pour penser le poids) autorise donc l'innovation terminologique augustinienne – du moins en latin, ce que nous appellerions un néosémantisme – qui lui permet d'utiliser un concept univoque de poids pour tous les déplacements naturels verticaux des corps. Là est bien l'essentiel : l'univocité première de l'amour comme tendance universelle est telle que le concept physique de poids s'en trouve modifié, acquérant à son tour une neutralité principielle.

55. Saint Augustin joue du rapport entre *pendeo* (être suspendu à..., d'où pendre et dépendre de...) et *pendo* (peser, qui donne *pondus*) ; qu'être suspendu à..., ce soit tendre vers..., voilà ce que, pour une fois, le français imagine mieux d'un mouvement ascendant.

56. § XVIII = Vivès, t. 22, p. 348 = éd. Dolbeau, in *Recherches augustiniennes*, 30, 1997, p. 156-157 (l. 351-357) : « Par mesure, on peut entendre l'unité. Les nombres sont formés sur la mesure de l'unité, ainsi, par mesure, on peut entendre le Père, par nombre, le Fils, et le poids, ce sera le Saint-Esprit : car il est amour. On dit de celui qui aime qu'il est suspendu à l'amour, et celui qui est suspendu tend à arriver vers un autre objet. Ainsi, le nombre procédera de la mesure, et formera une continuation dans l'ordre. Pendre, ou être suspendu, vient de *pondere*, poids. L'ordre suppose un effort ou une tendance ; par conséquent, l'ordre ne sera pas autre chose que le poids. Le poids sera la tendance vers un lieu ; ce sera l'effort pour arriver à ce lieu vers lequel on tend ; c'est pour cela que le poids se rapporte à l'ordre. » Je dois l'indication de cette récapitulation *ad mentem Augustini* à Kristell Trego, que je remercie ici.

57. Sur le rapport du poids, celui des feuilles comme de l'eau, à l'ordre (« nihil fieri sine causa », voir le *De ordine* I, IV, II, BA 4, 320 (et notre commentaire de ce passage in *Causa sive ratio. La raison de la cause, de Suárez à Leibniz*, Paris, PUF, 2002, p. 56-57).

Vient alors, dans notre passage du *De civitate Dei*, l'explicitation de la comparaison : les corps pesants sont animés, en vertu de leur poids, d'une force ou impulsion qui est pour eux comme un amour : les corps légers ont *comme* un amour pour le haut, les corps lourds *comme* un amour pour le bas. Le poids du corps l'emporte vers son lieu naturel comme l'âme est emportée par son amour. À quoi tend cette analogie ? À affirmer que le corps est emporté par son poids, en quelque direction que ce soit, comme l'âme est emportée par sa tendance, c'est-à-dire son amour, tout aussi passivement ou tout aussi spontanément. C'est l'amour de l'âme qui sert de modèle à la tendance de tous les vivants, et même au poids des corps inertes. Nous avons donc affaire à une interprétation psychologique du mouvement des corps inertes.

Saint Augustin limite-t-il son propos à cette analogie ou veut-il en outre marquer une opposition ? Car si l'âme est bien emportée par son amour, à la différence des autres créatures, elle peut abriter des amours opposées : il y a des corps graves et des corps légers, mais l'âme peut abriter deux amours ayant des directions opposées, et elle n'est pas, pour ainsi dire, par elle-même, grave ou légère (bonne ou mauvaise)[58]. Plus, l'âme a le pouvoir de choisir l'amour qui prévaut en elle. En effet, l'amour moteur est l'amour direct qui porte sur des choses qu'il faut aimer ou qu'il ne faut pas aimer, mais il dépend lui-même de l'amour réflexif qui consent ou non à cet amour. On peut donc interpréter ce texte selon l'opposition fondamentale entre la liberté de l'amour humain et la naturalité des tendances qui meuvent les autres créatures[59]. Mais cette doctrine augustinienne exposée au début

---

58. Rien n'autorise à faire du lourd et du léger qui sont principes de mouvement pour les corps inertes l'image des deux amours, vers ce qu'il faut aimer et vers ce qu'il ne faut pas aimer – et encore moins à les identifier, comme si le léger entraînant vers le haut était le bon amour et le lourd le mauvais : le lourd et le léger sont axiologiquement neutres.

59. Sur cette dualité, voir Georges de Plinval, « Mouvement imposé ou mouvement spontané ? Le *'feror'* augustinien », *Revue d'études augustiniennes*, 1959, V, 1, p. 13-19. L'auteur, insistant sur le volontarisme augustinien, comprend *feror* en un sens d'abord actif : « Mon poids c'est mon amour ; en quelque endroit que je sois porté (par le poids de l'amour), c'est là que je me porte » (p. 14) ; voir *infra* la traduction de *Confessions* XIII, ix.

du IIIe livre du *De libero arbitrio* n'est pas formulée ici : l'important dans le *De civitate Dei* est de poser que l'âme est emportée par l'amour, et qu'il y a un lieu naturel pour les corps comme pour l'âme[60] ; toute créature possède naturellement une tendance qui la porte vers son bien ou du moins vers sa place dans l'ordre universel. Cette conclusion implique à la fois un processus de généralisation qui confère à l'analogie sa pleine validité (toutes les créatures, même inertes, sont comme l'âme de l'homme) et ouvre la possibilité d'une opposition interne à l'analogie (l'amour de l'âme, étant réflexif, le destine à un autre type de bien). L'essentiel ici est le premier point : c'est l'amour de l'âme qui sert de modèle à la tendance de tous les corps. C'est donc bien un modèle psychique qui permet d'expliquer le cosmos. Le poids est pensé comme l'amour. Le poids des corps est l'analogué et l'amour de l'âme l'analoguant, modèle psychique pour penser la tendance naturelle à l'œuvre dans le cosmos.

Sans doute le texte du *De civitate Dei* est-il d'abord remarquable non seulement par son originalité dans le corpus augustinien lui-même, mais encore par l'usage apparemment nouveau qu'il impose au concept de *pondus*. Il nous faut à présent prendre en considération l'inversion[61] de ce modèle dans le passage des *Confessions* où, dans l'analogie, analoguant et analogué sont interchangés[62].

---

60. La suite du passage (XI, XXVIII, BA 35, 122-124) développe ce point en montrant que nous avons à reconnaître en nous l'image de la Trinité qui a fait toute chose avec ordre et qui nous a permis de voir en nous que notre fin propre était Dieu même.

61. Ce que je signale comme inversion ne semble pas frapper James O'Donnell, *ibid.*, p. 358 : « Most impressively apposite [et non « opposite » !] to many themes of *conf.* is *civ.* II, 28 ! »

62. Au demeurant, il y a un certain nombre de textes dans lesquels la comparaison de l'amour et du poids apparaît, et toujours dans le sens de l'analogie des *Confessions*, où c'est le poids qui permet de penser l'amour, avec l'exemple de l'huile et de l'eau. Relevons en particulier, outre les passages déjà cités, les références suivantes :
– *De Musica*, VI, 11, 29, BA 7, 424 : « Delectatio quippe quasi pondus est animae. Delectatio ergo ordinat animam, Le plaisir est certes comme le poids de l'âme : le plaisir ordonne donc l'âme. »

L'AMOUR COMME LE POIDS

L'immanence de l'amour. Nous lisons au livre XIII des *Confessions*, chap. IX : « Un corps, en vertu de son poids, tend à son lieu propre. Le poids ne va pas forcément en bas, mais au lieu propre. Le feu tend vers le haut, la pierre vers le bas : ils sont menés par leur poids, ils s'en vont à leur lieu. L'huile versée sous l'eau s'élève au-dessus de l'eau ; l'eau versée sur l'huile s'enfonce au-dessous de l'huile : ils sont menés par leur poids, ils

---

– *Ép.* 55, *à Janvier*, 10, 18, Vivès, t. IV, 468 : « [...] Nec aliquid appetunt etiam ipsa corpora ponderibus suis, nisi quod animae amoribus suis. Nam sicut corpus tamdiu nititur pondere, sive deorsum versus, sive sursum versus, donec ad locum quo nititur veniens conquiescat ; pondus quippe olei si dimittatur in aere, deorsum ; si autem sub aquis, sursum nititur ; sic animae ad ea quae amant propterea nituntur, ut perveniendo requiescant. Et multa quidem per corpus delectant, sed non est in eis aeterna requies, nec saltem diuturna ; et propterea magis sordidant animam, et aggravant potius, ut sincerum ejus pondus, quo in superna fertur, impediant. – Les corps inanimés eux-mêmes tendent [au repos] par leur propre poids, comme les âmes par leur amour. Car de même qu'un corps est entraîné par son poids soit en bas soit en haut, jusqu'à ce que, parvenu au lieu vers lequel il est entraîné, il s'y dépose (comme le poids de l'huile lancée en l'air l'entraîne vers le bas ; mise sous l'eau, l'entraîne vers le haut), de même les âmes ne sont entraînées à ce qu'elles aiment qu'afin de s'y reposer quand elles y sont parvenues. Certes beaucoup de choses plaisent par le corps, mais dans lesquelles il n'y a pas de repos éternel, ni même durable ; bien plus, ces choses souillent l'âme, et l'appesantissent plutôt, de sorte qu'elles empêchent son poids naturel, par lequel elle est emportée vers les choses d'en haut. »
– *In Iohannis Evangelium tractatus*, VI, 20, BA 71, 390 : « Quomodo enim oleum a nullo humore premitur, sed disruptis omnibus exsilit et supereminet, sic et caritas non potest premi in ima ; necesse est ut ad superna emicet. – De même que l'huile ne se laisse presser par aucun liquide, mais qu'en se frayant un passage au milieu de tous elle remonte à la surface et se tient au-dessus de tous, ainsi la charité ne peut être retenue dans les régions inférieures, elle s'élance nécessairement vers ce qui est haut. » Le *Sermo* 93, IV, 5, Vivès, t. XVII, 75 explique que l'huile figure excellemment la charité en ce qu'elle surnage au-dessus de tous les autres liquides, tandis que l'*En. in Ps.*, LI, 10, Vivès, t. XII, 520, définit l'homme injuste comme celui qui veut élever l'eau au-dessus de l'huile, « levare aquam super oleum » – il en sera submergé.
– *Ep.* 157, 11, 9, Vivès, t. V, 389 : « Animus quippe velut pondere, amore fertur quocumque fertur, Certes l'âme est emportée par l'amour comme par un poids, en quelque lieu qu'elle soit emportée. »

s'en vont à leur lieu. S'il n'est pas à sa place, un être est sans repos ; qu'on le mette à sa place et il est en repos. Mon poids, c'est mon amour ; c'est lui qui m'emporte où qu'il m'emporte [63] ».

Saint Augustin inscrit l'amour dans un système de places [64] pour le penser comme déplacement. Ce faisant, il explicite lui-même son emploi original de *pondus*. Le poids ne désigne pas seulement le mouvement vers le bas : « Pondus non ad ima tantum est. » Est poids ce qui conduit à son lieu (*locum suum*), c'est-à-dire au lieu propre. Or le lieu propre, c'est la fin du mouvement, au double sens d'achèvement et de finalité, c'est le repos : « Requies nostra locus noster, notre repos, c'est notre lieu. » Le repos est établissement, ou rétablissement, de l'ordre ; le poids met de l'ordre, il ordonne au repos. Les corps « désordonnés » – on doit sans doute aller jusqu'à traduire « minus ordinata » par « désordonnés » [65] – sont en mouvement, l'inquiétude est absence d'ordre, activité inaccomplie du poids : « minus ordinata inquieta sunt ». Au contraire, que les corps soient à leur place, c'est-à-dire absolument ordonnés, ils seront en repos : « Ordinantur et quiescunt. »

Il s'agissait de trouver ce qui ordonne et déplace pour mettre en sa place propre : pour les corps, le poids, pour moi, l'amour. L'amour me déplace, voilà le premier point – c'est à ce titre qu'il faut entendre la comparaison selon laquelle l'amour est comme

---

63. « Corpus pondere suo nititur ad locum suum. Pondus non ad ima tantum est, sed ad locum suum. Ignis sursum tendit, deorsum lapis. Ponderibus suis aguntur, loca sua petunt. Oleum infra aquam fusum super aquam attollitur, aqua supra oleum fusa infra oleum demergitur : ponderibus suis aguntur, loca sua petunt, minus ordinata inquieta sunt : ordinantur et quiescunt. Pondus meum amor meus ; eo feror, quocumque feror », § 10, BA 14, 440.

64. Quand bien même ces places ne seraient pas *locales* – c'est là toute la pertinence de l'analogie : « Quomodo dicam ? Neque enim loca sunt, quibus mergimur et emergimus. Quid similius et quid dissimilius ? Affectus sunt, amores sunt, Comment le dire ? Car il n'est pas question d'espaces où nous soyons immergés et d'où nous émergions. Quoi de plus ressemblant et quoi de plus dissemblant ? » (XIII, VII, 8).

65. Arnauld d'Andilly traduisait : « Toutes les choses qui sont tirées de leur ordre sont agitées et inquiètes, et ne trouvent leur repos que lorsqu'elles rentrent dans l'ordre. »

le pied de l'âme[66]. Ensuite, et ensuite seulement, il sera question d'identifier d'une part ce qu'il faut entendre par poids ou amour, d'autre part ce qui constitue le repos. Dieu est mon repos, c'est-à-dire mon lieu propre, parce qu'il est d'abord le repos absolu, seul absolument sans mouvement : la création elle-même, il l'a faite paradoxalement en restant « quietus », en repos[67] – nous ne développerons pas ce point cosmo-théologique pourtant capital : Dieu est le repos. S'agissant du poids, c'est-à-dire de l'amour, deux identifications se présentent dans le passage du livre XIII des *Confessions* : *voluntas bona* et *donum tuum*. Nous ne traiterons pas davantage de la théorie augustinienne de la volonté pour déterminer les conditions qui peuvent faire de mon poids un *poids volontaire*[68]. En revanche une

66. Commentant Ps 9, 16, saint Augustin écrit : « Pes animae recte intelligitur amor [...]. Amore enim movetur tanquam ad locum, quo tendit. [...] Pes ergo peccatorum, id est amor [...], Par le pied de l'âme, on entend avec raison l'amour [...]. En effet, l'âme est mue par l'amour comme vers le lieu où elle tend. [...] Donc le pied des pécheurs, c'est-à-dire l'amour [...] », *Enarrationes in psalmos*, 9, 15, Vivès, t. XI, 688. Le pied de l'âme (le mot « pied » est fourni par le *Psaume* : joint à l'idée que ce pied, pris dans le piège, devient immobile, il est ensuite comparé par saint Augustin à la racine) ne figure l'amour qu'en tant qu'il est l'instrument du déplacement. La comparaison est donc seconde par rapport au modèle du poids. Elle n'en confirme pas moins ce que nous appelions plus haut la neutralité du poids en évoquant ici un déplacement horizontal.

67. « [...] id, quod tu post opera tua bona valde, quamvis ea quietus feceris, requievisti septimo die, hoc praeloquatur nobis vox libri tui, quod et nos post opera nostra ideo "bona valde", quia tu nobis ea donasti, sabbato vitae aeternae requiescamus in te, [...] si toi, au terme de tes œuvres très bonnes, que tu as faites pourtant dans le repos, tu t'es reposé le septième jour, c'est pour nous dire d'avance par la voix de ton livre qu'au terme de nos œuvres, qui sont très bonnes du fait même que c'est toi qui nous les as données, nous aussi au sabbat de la vie éternelle nous nous reposerions en toi », XIII, 36, 51.

68. Sur ce point, voir en particulier le *De libero arbitrio* III, 1, 2 ; BA 6, 326. Sur la conjonction de la volonté et de la volupté, voir la lecture que saint Augustin, commentant *Jean* 6, 44 (« Nemo venit ad me nisi quem Pater adtraxerit, Personne ne vient à moi si le Père ne le tire »), fait du célèbre vers de Virgile (*Bucoliques*, 2, 65) : « Noli te cogitare invitum trahi : trahitur animus et amore [...]. Porro si poetae dicere licuit : "Trahit sua quemque voluptas", non necessitas, sed voluptas, non obligatio, sed delectatio, quanto fortius nos dicere debemus trahi hominem ad Christum, qui delectatur Veritate, delectatur

dernière remarque s'imposera concernant « donum *tuum* », ce
don de Dieu qui nomme l'Esprit saint selon les Actes des
apôtres 2, 38 [69] : car si mon poids, c'est mon amour, *mon* amour,
c'est *ton* don.

Nous demandions au début de cette étude : que gagne la
théologie à penser son objet premier, l'amour, selon le modèle
physique du poids ? La réponse apparaît désormais clairement.
Le gain est celui d'une pensée de l'immanence de l'amour.
Concevoir l'amour comme poids, c'est le concevoir immanent,
intérieur, c'est le concevoir comme une loi (naturelle) inséparable
de moi-même [70]. Ce que le modèle du poids permet à saint

Beatitudine, delectatur Iustitia, delectatur sempiterna Vita, quod totum
Christus est, Ne va pas t'imaginer que tu es tiré malgré toi : l'âme est tirée
aussi par l'amour [...]. Or, si le poète a pu dire : "Chacun est tiré par sa
volupté", non par la nécessité, mais par la volupté, non par obligation, mais par
délectation, combien plus fortement devons-nous dire, nous, qu'est tiré vers le
Christ l'homme qui trouve ses délices dans la Vérité, qui trouve ses délices
dans la Béatitude, qui trouve ses délices dans la Justice, qui trouve ses délices
dans la Vie éternelle, car tout cela, c'est le Christ », *In Ioh.*, 26, 4, BA 72 490-
492 (trad. M.-F. Berrouard). Sur « l'étroite parenté » de l'amour et de la
volonté, c'est-à-dire sur l'amour comme « volonté intense », voir Étienne
Gilson, *Introduction à l'étude de saint Augustin*, Paris, Vrin, 2ᵉ éd., 1942 (3ᵉ tirage
1982), p. 170-184 ; Isabelle Bochet, *Saint Augustin et le désir de Dieu*, Paris,
Études augustiniennes, 1982, p. 104 et désormais Jean-Luc Marion, *Au lieu de
soi*, chap. VI, §§ 41-42. Jean-Luc Marion montre comment saint Augustin
opère une véritable réduction des amours pour poser son univocité
fondamentale (la nature une de l'amour par-delà la diversité de ses modes et
de ses objets). Comme on le voit, le présent propos est moins autre qu'il
n'essaie seulement de mettre en lumière, à partir du modèle du poids, cette
univocité décrite ici comme une constante immanente.

69. « Petrus vero ad illos paenitentiam inquit agite et baptizetur unusquisque
vestrum in nomine Iesu Christi in remissionem peccatorum vestrorum et
accipietis donum Sancti Spiritus. » *Confessions* XIII, IX, 10 : « Cur de illo
[Spiritus sanctus] tantum dictum est quasi locus, ubi esset, qui non est locus,
de quo solo dictum est, quod sit donum tuum ? – Pourquoi l'a-t-on dit de lui
[l'Esprit saint] seulement, comme s'il s'agissait d'un lieu où il eût été et qui
n'est pas un lieu, lui de qui seul on a dit qu'il est le don de toi ? »

70. Rappelons-nous saint Paul, la *Lettre aux Romains* 8, 35-39 : « Quis ergo
nos separabit a caritate Christi ? [...] Certus sum quia [...] neque creatura alia
poterit nos separare a caritate Dei ». Si rien ne peut me séparer de la charité,
c'est parce que la charité est inscrite en moi, m'est immanente comme l'est

Augustin de figurer, c'est la passivité de l'amour, sa spontanéité, sa permanence, sa naturalité pour ainsi dire : car le poids n'est pas un mouvement contraint (à ce titre, saint Augustin pourra maintenir entière l'équivalence de l'amour et de la volonté), mais il n'en est pas moins un mouvement permanent et inséparable, dont nulle créature ne saurait s'abstraire : « *Nemo est qui non amet.* – Il n'y a personne qui n'aime[71]. » Le poids permet de penser l'intériorisation du mouvement, il permet donc de penser l'intériorisation de la finalité, c'est-à-dire de la loi.

Concevoir la loi d'amour comme l'impulsion du poids, c'est concevoir la loi divine comme une ligne de direction, sur le modèle d'une trajectoire rectilinéaire immanente et incessante. Ainsi a-t-on affaire avec saint Augustin au refus le plus radical des modèles de l'extériorité que fournissent par exemple la parole, le texte, ou d'autres instances qui figurent une altérité événementielle. Nous avons insisté plus haut sur la synonymie de *pondus* et d'*ordo* : l'ordre est immanent. Comprenons bien : non seulement la grâce est sans contrainte, mais elle ne m'arrive pas de l'extérieur[72], l'amour de Dieu est ma trajectoire naturelle, la loi divine n'est pas extérieure. Le moins que l'on puisse dire est que saint Augustin se donne les moyens – avec sa physique de l'amour – de prendre au sérieux l'inscription de la loi divine dans le cœur, selon *Jérémie* 31, 33 puis *Hébreux* 8, 10 et 10, 16 : « Dando leges meas in cordibus eorum, et in mentibus eorum

---

mon propre poids. C'est l'immanence de l'amour qui rend impossible la séparation. Pour saint Augustin, *a caritate Dei* est un génitif à la fois subjectif et objectif : voir Olivier du Roy, *L'Intelligence de la foi en la Trinité selon saint Augustin*, Études augustiniennes, 1966, p. 221.

71. *Sermo*, 34, 1, 2, Vivès, t. XVI, 166. Voir aussi l'*Enarratio in Ps*, 121, 1, PL 37, 1618 : « Habet tamen omnis amor vim suam nec potest vacare amor in anima amantis ; necesse est ducat. – Tout amour a cependant sa force de sorte que l'amour ne peut rester inerte dans l'âme de l'aimant : il entraîne nécessairement ». Sur l'universalité de l'amour dans les actes humains, voir Karl Jaspers, *Augustinus*, Munich, 1976, p. 51 – mais comme nous l'avons vu, cette universalité s'étend à beaucoup plus qu'aux actes humains, à rien de moins qu'à toutes les créatures.

72. La *Meditatio* IV reste sur ce point scrupuleusement augustinienne, AT VII, 57, 27-58, 5.

superscribam eas[73] ». C'est ainsi également qu'il commente *Romains* 5, 5 (« Charitas Dei diffusa est in cordibus nostris ») dans le *De spiritu et littera*, c. 17 : « Ibi in tabulis lapideis digitus Dei operatus est, hic in cordibus hominum. Ibi ergo lex extrinsecus posita est [...], hic intrinsecus data est. – Là [au Sinaï] le doigt de Dieu a opéré sur des tables de pierre, ici [dans la loi nouvelle] dans le cœur des hommes. Là donc la loi est posée extrinsèquement [...], ici elle est donnée intrinsèquement[74]. »

On comprend alors l'équivalence remarquable que nous venons de souligner : mon poids, c'est mon amour, et *mon* amour, c'est *ton* don. Que l'Esprit soit le don de Dieu[75], *ton* don, n'empêche nullement que je l'éprouve comme amour, c'est-à-dire comme *mien* : *ton* don, c'est *mon* poids. Les lectures les plus autorisées du livre XIII des *Confessions* insistent à juste titre sur sa structure trinitaire et sur le rôle de l'Esprit saint[76] qui « nous emporte en haut » : « dono tuo accendimur et sursum ferimur ». Certes. Mais avant d'insister sur le *sursum*, le mouvement d'élévation du feu de l'Esprit, bref, avant d'insister trop vite sur la pneumatologie augustinienne, gardons à l'esprit l'essentiel : l'immanence de la grâce.

---

73. Descartes se rappelle le passage des *Hébreux* dans la *lettre à Mersenne* du 15 avril 1630 : « c'est Dieu qui a établi ces lois en la nature [...]. Elles sont toutes *mentibus nostris ingenitae*, ainsi qu'un roi imprimerait ses lois dans le cœur de tous ses sujets, s'il en avait aussi bien le pouvoir » (AT I, 145). Sur Dieu imprimeur (tandis que la nature n'est que peintre), voir la belle page de saint François de Sales, *Traité de l'amour de Dieu*, l. II, chap. II.

74. Voir aussi le c. 21 (« Lex scripta in cordibus »), qui cite *Jérémie* 31, 33 et oppose de nouveau le don de la loi *forinsecus* et *intrinsecus* (Vivès, t. XXX, respect. 151 et 157).

75. Sur l'Esprit à la fois *donum* et *datum*, voir la remarquable synthèse augustinienne de Pierre Lombard, *Sententiae*, L. I, dist. XVIII, Grottaferrata, Collegii S. Bonaventurae Ad Claras Aquas, 1971, I, 11, p. 152-159.

76. Après Fulbert Cayré, « Le sens et l'unité des *Confessions* de saint Augustin », *Année théologique augustinienne*, 13, 1953, p. 13-32, puis James O'Donnell, *ibid.*, voir la mise au point de Christoph Müller, « Der Geist als *pondus* der Hinckehr und Rückkehr zu Gott » puis « Die eschatologische Ruhe als Zielpunkt der Heimkehr », in *Die Confessiones des Augustinus von Hippo. Einführung und Interpretationen zu den dreizehn Büchern*, hrsg von Nobert Fischer und Cornelius Mayer, Freiburg-Basel-Wien, Herder, 2004, p. 632-647.

Imiter la chute des corps. On permettra à qui étudie ordinairement le XVIIᵉ siècle de terminer par une citation qui le ramène à son corpus de prédilection. Contrairement à une formule célèbre trop répétée, le XVIIᵉ siècle n'est pas à tous égards « le siècle de saint Augustin »[77], il s'en faut de beaucoup. Concernant le point qui nous occupe, le XVIIᵉ siècle fut très peu augustinien, y compris les jansénistes, y compris Jansénius, pour qui la pesanteur figurait le péché bien plutôt que l'amour et la grâce[78]. Mais un auteur au moins s'avère sur ce point un augustinien authentique, même s'il n'a nullement prétendu l'être systématiquement. Il s'agit de Mersenne, pour qui le propos augustinien garde toute sa pertinence figurative, même si la science qu'il présuppose est obsolète. Voici le corollaire (c'est-à-dire la moralité) de la 8ᵉ *Question théologique*, qui a pour titre « Quelle est la ligne de direction qui sert aux mécaniques ? » – la réponse est que « cette ligne passe par le centre du monde, et par celui de la pesanteur de chaque chose ». Il faut, dit Mersenne, « [...] considérer qu'il n'y a nul meilleur moyen de parvenir à Dieu qu'en imitant la chute des corps pesants, dont le centre de pesanteur ne sort jamais de la ligne de direction, qui les conduit tout droit au centre de l'univers ; or le cœur, ou la volonté de l'homme, qui est comme son centre de pesanteur, suivant le beau mot de saint Augustin, *amor meus, pondus meum*, fera le même chemin vers Dieu, si nos affections qui donnent le branle à la volonté, se tiennent toujours unies à la loi de Dieu, qui est la vraie ligne de direction de toutes nos actions : de sorte

---

77. La formule est de Jean Dagens, lors du Congrès international des études françaises de 1951, citée par Philippe Sellier, Introduction au cahier « Le siècle de saint Augustin », *XVIIᵉ siècle*, 135, 1982, 2, p. 99.

78. Jansénius, dans l'avant-propos du De interioris hominis reformatione oratio..., *Discours de la réformation de l'homme intérieur*, trad. fr. Arnauld d'Andilly, oppose au modèle augustinien du poids celui du tuteur qui redresse l'arbre : « Ainsi que les arbres que l'on plie avec grand effort, se remettent avec d'autant plus de violence dans leur état naturel, aussitôt que la main qui les tenait les laisse aller : de même, en un sens contraire, depuis que la nature humaine a été corrompue, et comme courbée par le péché, elle ne peut plus être redressée que par une force extrême ; et aussitôt qu'on la laisse à elle-même, et qu'on l'abandonne, elle se précipite par son propre poids dans le vice de son origine. »

qu'il faut seulement se maintenir dans cette ligne pour arriver au centre de notre repos, auquel nous sommes poussés par toutes sortes de considérations, comme le centre de gravité d'une pierre est poussé vers le centre de la terre, par toutes les parties qui l'environnent. Mais si l'on met quelque empêchement dans ladite ligne : par exemple si l'on met une épingle, ou une aiguille dedans, qui tienne ferme, il est impossible que la pierre descende, encore qu'elle soit aussi pesante que toute la terre, comme il est impossible que nous arrivions à Dieu, si nous substituons quelque empêchement à sa loi, et à sa sainte volonté, qui seule est la souveraine règle de toutes nos volontés » [79].

Il n'est pas besoin d'insister sur cette admirable idée du péché conçu comme une pointe, une épingle, qui suffit à arrêter la chute d'une pierre, fût-elle aussi lourde que la terre entière. On peut imaginer des empêchements, des obstacles, des résistances, des déviations, des compositions et des résultantes de forces (par exemple entre le poids de l'amour ou de la grâce et d'autres forces). On peut arrêter le mouvement du poids, mais il est impossible d'en modifier la nature, impossible de modifier sa ligne de direction, immanente et continue. De même, on ne saurait anéantir l'immanence de l'amour, ni modifier sa ligne de direction.

L'AMOUR DE SOI CONTRADICTOIRE

Avec le modèle du poids, saint Augustin enseigne l'intériorité de la grâce, c'est-à-dire l'immanence de la loi d'amour, et l'indéfectibilité de sa direction. En affirmant l'inscription en moi d'une telle trajectoire, il pose l'inséparabilité constitutive de moi et de mon amour, constitutive au même titre que celle d'un corps et de son poids. Or le poids fait tendre le corps à son lieu, qui est nécessairement un autre lieu que le lieu initial. La trajectoire immanente de l'amour me conduit nécessairement

79. *Questions inouïes*, éd. André Pessel, Fayard, 1985, p. 239 ; voir André Pessel, « Mersenne, la pesanteur et Descartes », in *Le Discours et sa méthode*, éd. par Nicolas Grimaldi et Jean-Luc Marion, Paris, PUF, 1987, p. 163-185.

hors de moi, vers cet ailleurs où je trouverai le repos, vers ce lieu proprement reposant identifié comme Dieu. Aimer, c'est-à-dire aller vers Dieu, c'est peser. Et le poids qui s'exerce au centre de gravité ne peut pas ne pas tendre vers la bonne direction, et ne pas tendre vers son lieu, qui n'est pas lui, qui est hors de lui. Le poids d'un corps ne tend pas au centre de ce corps, mais tend évidemment hors de lui. L'immanence de la trajectoire du poids s'accompagne nécessairement de l'extériorité du lieu propre auquel il fait tendre. Si donc l'amour est ce qui déplace et ordonne, ce qui *me* déplace et *m'*ordonne, comment pourrais-je concevoir que je sois à moi-même mon lieu propre, comment l'amour de moi me déplacerait-il vers moi et par conséquent comment serait-il amour ? Cela n'a pas de sens – c'est pourquoi les textes habituellement cités sur l'*amor sui* comme *prima hominis perditio* insistent toujours sur le glissement nécessaire de l'amour de soi à l'amour des choses extérieures : l'amour de soi est constitutivement instable[80]. On comprend donc que l'amour, en son principe, ne peut pas être amour *de soi*. L'amour vers soi contredit l'essence même de l'amour.

Certes, on trouve chez saint Augustin de nombreux textes consacrés à l'amour de soi[81] : il n'est pas question de les méconnaître ni d'en sous-estimer le rôle. Pour autant, on aurait tort de voir dans l'amour de soi un principe, car l'amour est

80. Voir par exemple le *Sermon* 96, 2, Vivès, t. XVII, 88 : « Et numquid qui amat se, fidit in se ? Incipit enim deserto Deo amare se, et ad ea diligenda quae sunt extra se, pellitur a se : usque adeo ut cum dixisset idem Apostolus : Erunt homines se ipsos amentes, continuo subjiceret, amatores pecuniae [2 *Tim*. 3, 2]. Jam vides quia foris es. Amare te coepisti ; sta in te, si potes. – Et celui qui s'aime reste-t-il en lui-même ? S'étant séparé de Dieu il commence par s'aimer : et il est poussé loin de lui dans l'amour des choses qui lui sont extérieures. C'est pourquoi, aussitôt après avoir dit "Il y a des hommes qui s'aiment eux-mêmes", l'Apôtre ajoute "qui aimeront l'argent". Tu le vois, tu es hors de toi-même. Tu as commencé de t'aimer : reste en toi, si tu le peux. »

81. Voir en particulier Oliver O'Donovan, *The Problem of Self-Love in St.-Augustine, op. cit.* Resterait à déterminer ce que veut dire « soi » dans l'amour de soi augustinien. Il n'est pas sûr qu'il y ait un concept augustinien de moi ; on ne le confondra pas en tout cas avec le propre, le particulier, etc. Voir désormais Jean-Luc Marion, *Au lieu de soi, op. cit.,* chap. VI et notre *Invention du moi*, Paris, PUF, 2010.

comme tel et fondamentalement un déplacement finalisé vers un ailleurs. C'est sur ce point capital que nous avons voulu insister[82]. Aimer, ce n'est pas d'abord s'aimer. L'amour de soi n'est pas au principe de l'analyse de l'amour. Il nous semble donc que l'on aurait tort de faire de saint Augustin un « moraliste », au sens des moralistes modernes. L'hypothèse avancée ici est que la réflexivité de l'amour analysée dans le *De civitate Dei* (l'amour de l'amour) et l'essence de l'amour mise en évidence dans les *Confessions* (comme déplacement vers un ailleurs dû à une force interne) interdisent peut-être à l'amour d'être réflexif en un autre sens, promis à une postérité encombrante, celui de l'amour de soi.

En dépit de la lecture dominante que la tradition – plus morale que théologique – a faite de son œuvre, saint Augustin est moins le contempteur d'un amour de soi qui serait posé comme un principe qu'il n'est celui qui en montre la nécessaire contradiction[83].

---

82. C'est pourquoi il me semble qu'il ne faut pas *trop* accorder à la division *trop* célèbre qui organise les deux cités : « Fecerunt itaque civitates duas amores duo, terrenam scilicet amor sui usque ad contemptum Dei, caelestem vero amor Dei usque ad contemptum sui, Deux amours ont donc fait deux cités : l'amour de soi jusqu'au mépris de Dieu, la cité terrestre ; l'amour de Dieu jusqu'au mépris de soi, la cité céleste », *De civitate Dei*, XIV, xxviii, BA 35, 464. On observera en effet, d'une part, que c'est en aimant Dieu que l'amour de soi peut être juste et, comme le dira Pascal, *réglé*, l'amour de soi sans l'amour de Dieu devenant haine de soi (voir sur ce point Jean-Luc Marion, *Au lieu de soi, op. cit.*, § 42) ; d'autre part, que ce texte vise non à développer une doctrine de l'amour de soi, *a fortiori* du soi, mais à récapituler les acquis constitutifs du concept de *cité*.

83. Une première version de cette étude a été prononcée à la Divinity School de l'Université de Chicago en mai 2008, lors d'un colloque d'hommage à David Tracy consacré à saint Augustin.

Après la métaphysique ?
Le « poids de la vie » selon Augustin

Emmanuel Falque

« Je suis un poids pour moi » [*oneri mihi sum* (*Conf.*, X, xxviii, 39, p. 209)] et « j'étais devenu moi-même pour moi une immense question » [*factus eram ipse mihi magna quaestio* (*Conf.*, IV, iv, 9, p. 423)] : peu de phrases ou de formules de la philosophie patristique ou médiévale ont connu une telle fortune dans l'histoire de la philosophie, en particulier sous l'effet de l'interprétation qu'en fera Martin Heidegger dans son cours de Freiburg au semestre d'été 1921. En des livres et des lieux herméneutiques très différents – le contexte de la mémoire pour le « poids » (*onus*) [*Conf.*, X] et celui de la douleur pour la « question » (*quaestio*) [*Conf.*, IV] –, ces concepts théologiques, plus ou moins acquis et transformés par la philosophie, ont produit au xxe siècle une herméneutique dite de la « facticité » (Heidegger). La genèse d'une telle herméneutique, tirée d'Aristote, de saint Paul, de saint Augustin et même de Luther, aujourd'hui n'est plus à faire[1]. Reste, ou restait alors, à mesurer le choc en retour. Si Heidegger se tire d'Augustin au sens où il en provient tout en le transformant, Augustin lui-même se tire-t-il de Heidegger au sens où cette fois il s'en départit et en vient tout naturellement à se passer de lui comme aussi de son interprétation ? Dit autrement, dans une lecture cette fois synchronique et non pas diachronique de l'histoire de la pensée, peut-on et doit-on lire saint Augustin non pas contre Heidegger, mais à l'envers de celui-ci, de sorte que ce qui ce qui fait d'Augustin un échec

---

1. Cf. Ch. Sommer, *Heidegger, Aristote, Luther. Les sources aristotéliciennes et néo-testamentaires d'Être et Temps*, Paris, PUF, 2005.

(Augustin « trop grec », selon Heidegger) tient lieu en réalité de sa plus grande réussite (Augustin « non grec », selon J.-L. Marion) [2] ?

« Après la métaphysique : Augustin ? » Le titre même du propos suppose ou présuppose la possibilité, voire la réalité, d'un Augustin si ce n'est non métaphysique, au moins postmétaphysique. L'intention est claire, et pour le moins justifiée. Après des siècles d'exégèse purement historique, et parfois historicisante, de la pensée augustinienne, il fallait en venir à penser *avec* elle plutôt que *sur* elle, à l'épouser davantage qu'à l'objectiver, à traquer son impensé et non pas uniquement redire ou reformuler ce qu'elle a toujours déjà énoncé. Des « prises de décisions » innervent toute l'histoire de la pensée, et c'est à les débusquer que s'efforce le philosophe, en particulier le phénoménologue, non content d'en demeurer seulement à cela même qui a été toujours déjà dit ou fait. Bref, et il faut le dire tout de go : saint Augustin est non métaphysique, ou postmétaphysique, au sens au moins où le mode mystique de sa pensée ne se traduit ni ne se réduit aux catégories épistémologiques et ontologiques de la métaphysique classique.

La question cependant se pose, et ne cesse de ressurgir. Quel prix faudra-t-il payer pour le détour, ou plutôt le déport, de la pensée de saint Augustin hors de la métaphysique ? Toute sortie a un coût qu'il convient aussi d'évaluer, au risque de se lancer en des entreprises pour le moins risquées. Car l'essentiel, à nos yeux du moins, n'est pas uniquement l'« après » de la métaphysique, mais plutôt l'«*après de son après*». La pensée en effet se refrène, ou patine, à trop se demander si tel ou tel auteur appartient ou non à la sphère dite de la métaphysique. Nous le savons parce que la chose fut irrémédiablement démontrée, et que nul ne saurait maintenant la nier : « Pour un médiéviste, la caractérisation de l'essence de la métaphysique "aristotélicienne" (comme theiologie ou ontothéologie) vaut en fait principalement pour *l'une des interprétations latines d'Avicenne* qui s'est imposée dans l'École et qui, par le biais de la néoscolastique du XIXᵉ siècle, a

---

2. Nous renvoyons sur ce point à notre contribution : « Le haut lieu du soi : une *disputatio* théologique et phénoménologique », *Revue de métaphysique et de morale*, juillet 2009, p. 363-390.

décisivement imprégné la vision heideggérienne de la méta-physique : *le scotisme* [en réalité, Thomas d'Erfurt] [3]. » Dit autre-ment, la métaphysique, au moins lorsqu'elle est définie comme onto-théologie à dépasser, se réduit comme peau de chagrin, faute de véritablement la trouver dans l'histoire de la philosophie. Est-ce à dire, alors, que la métaphysique et son dépassement n'aient plus d'objet ? Tant s'en faut. Car ce qui guette le renonce-ment au dépassement de la métaphysique n'est pas uniquement le retour vers le passé, mais l'endormissement de la pensée dans un « sommeil dogmatique » qui ne sait plus interroger. La ques-tion de l'« après » de la métaphysique, si elle demeure nécessaire, n'est donc pas, ou plus aujourd'hui, l'essentielle à nos yeux. Il faudra bien aussi, et un jour, s'interroger sur l'« après de l'après ». Dit autrement, se demander ce qu'on fait précisément « après » – soit « après » avoir défini si tel auteur appartient ou non à la sphère de la métaphysique.

Un pas de plus doit dès lors être franchi – non pas « après » ou « contre » la métaphysique, mais « dans » la métaphysique elle-même ou l'histoire de la pensée en général. Nous l'avons montré par ailleurs, sans qu'il soit besoin à nos yeux d'y revenir tant les textes plaident en faveur de cette interprétation et éblouissent de leur évidence [4]. Saint Augustin n'est pas « non métaphysique », « transphilosophique », ou encore « hors du lan-gage de la métaphysique » [5], mais il se nourrit au contraire *de* la métaphysique et la transforme de l'intérieur plutôt qu'il ne la nie et fait mine de s'en passer. La catégorie de « substance » tirée de la liste des catégories d'Aristote au livre V du *De Trinitate* n'est pas niée quand elle est subsumée par la « relation » pour dire les personnes divines ; elle est au contraire transformée tant dans sa place que dans son rôle pour que le relationnel prenne le pas sur le substantiel sans l'accuser ni le rejeter cependant. L'unité des personnes par *l'ousia* n'est pas un accident du concile

---

3. A. de Libera, *La Philosophie médiévale*, Paris, PUF (Que sais-je ?), 1995, p. 72-73.

4. *Cf.* Notre ouvrage, *Dieu, la chair et l'autre. D'Irénée à Duns Scot*, Paris, PUF, « Épiméthée », 2008, chap. I, p. 49-85 : « Métaphysique et théologie en tension ».

5. J-L. Marion, *Au lieu de soi* [désormais noté *ALS*], Paris, PUF, « Épi-méthée », 2010, § I [L'aporie de saint Augustin], p. 27-28.

de Nicée, pas davantage que la détermination de leur diversité par l'*hypostasis*. À trop dépasser (la métaphysique) ou à trop vouloir séparer (les ordres), on risque de « déshelléniser » (H. Küng), voire de « démythologiser » (R. Bultmann). Le mythe de la foi pure pourrait bien rejaillir sur les illusions d'un discours pur, dont on oublierait pourtant la règle fondamentale : « l'hellénisation de la foi est la contrepartie de la déshellénisation de son contenu » (réponse de A. Grillmeier à Hans Küng). Bref, et on l'aura compris pour l'avoir au moins démontré par ailleurs à partir du schème augustinien : « toutes les catégories "changent de sens" *(mutantur)* lorsqu'elles sont appliquées à Dieu » (Boèce, *De Trinitate*, IV), plutôt qu'elles ne sont radicalement extraites et séparées de leur rôle catégorial dans l'histoire de la pensée.

« Après la métaphysique : Augustin ? » Certes, la question se pose. Et le point d'interrogation en maintient le questionnement, qui n'en fait pas une proposition, mais plutôt le lieu d'une *disputatio*. Mieux, l'« après de l'après » s'annonce, qu'on occultera toujours à force de ne pas le regarder, et de faire espace pour le dire et essayer de le penser. On a pu croire aux marges de la philosophie, à l'irruption d'une totale nouveauté, à des créations de concepts totalement renouvelés. C'est précisément tout le mérite de Heidegger et de nombre de phénoménologues français d'y avoir échappé. Quand bien même on parlerait « après la métaphysique », on ne cesserait pas de philosopher, au moins dans le cadre ou à partir du cadre dans lequel le penser s'est toujours donné. Ce qui pourtant s'est ouvert, en particulier depuis Heidegger, n'est pas une simple question de frontières – comme s'il fallait toujours répéter l'opération par laquelle tel ou tel auteur, ou tel ou tel concept, appartient ou non au mode métaphysique du philosopher. L'existential en réalité doit primer sur le catégorial, l'expérientiel sur le catégoriel, et le descriptif sur l'analytique. L'essentiel n'est pas, ou plus aujourd'hui, de savoir ou de se demander qui ou quoi appartient à la métaphysique, selon un terrain somme toute toujours déjà prédélimité, mais de revenir à l'expérience ou aux existentiaux que la philosophie elle-même et, en particulier, les mystiques ont parfaitement exprimés.

Saint Augustin, sur cette voie, fait figure de pionnier. Le « poids de la vie » y pèse, en cela précisément que ce qui est à

porter ne saurait seulement, et comme on le croit parfois faussement, se limiter à la seule sphère du péché. Une sorte d'« inquiétude du créé » innerve toute la pensée augustinienne, qui n'est
pas que « dérive du péché », mais aussi prise en compte et sens
de l'incarné : « J'ai lu dans certains livres des platoniciens tra-
duits du grec en latin, confie saint Augustin au livre VII des
Confessions et retrouvant presque explicitement le prologue de
Jean, non sans doute en ces termes, mais le sens était absolument le même [...], qu'au commencement était le Verbe, que le
Verbe était en Dieu, et que le Verbe était Dieu ; qu'il était au
commencement en Dieu ; que tout par lui a été fait et que sans
lui rien n'a été fait ; que ce qui a été fait est vie en lui et que la
vie est la lumière des hommes [...] ; que le Verbe divin est né
non de la chair et du sang [...] mais de Dieu [...]. Cependant, *que
le Verbe s'est fait chair et qu'il a habité parmi nous*, voilà dans ces
livres ce que je n'ai pas lu *(sed quia verbum caro factum est et
habitavit in nobis, non ibi legi)* » (*Conf.* VII, ix, 13-14, 609-611). La
chair ou l'incarnation chrétienne échappe donc et certes à l'âme
ou à la métempsychose platonicienne, non pas cependant
contre elle ou au-delà d'elle, mais en la traversant au contraire
pour la pousser à bout, la transformer, voire en accuser la
différence et y montrer les insuffisances.

I. Et après ?

La chose paraît aujourd'hui suffisamment claire pour n'être
pas soulignée. La lecture husserlienne d'Augustin ou la lecture
heideggérienne d'Augustin marquent une sorte de « lecture en
ciseau », ou plutôt faite « à coups de ciseaux ». *En ciseau* d'abord,
parce que le « chassé-croisé » de la philosophie patristique et
médiévale à la phénoménologie a le plus souvent fait pencher le
poids du côté de la phénoménologie plutôt que de la mystique.
À force de chercher des racines patristiques et médiévale à la
phénoménologie (l'*intentio* thomasienne pour l'intentionnalité
husserlienne, la *cura* augustinienne pour le souci heideggérien,
etc.), on en a oublié le phénoménologique de la philosophie
patristique et médiévale elle-même. *À coups de ciseaux* ensuite,

parce qu'une sorte de lecture interprétative ou prédéterminée
guide en quelque sorte les phénoménologues dans leur rapport
aux auteurs de la tradition, en « coupant » parfois, et ici plus que
jamais aujourd'hui, les textes et les corpus de saint Augustin.

Ainsi en va-t-il d'abord, et en guise de premier exemple, de la
lecture augustinienne de Husserl, dont il revient à *Au lieu de soi*
de Jean-Luc Marion d'en avoir débusqué la prédétermination
(*ALS*, 147). On connaît la dernière phrase des *Méditations carté-*
siennes de Husserl – celle précisément dont on se targue pour
enraciner l'égoïté phénoménologique dans l'intériorité mystique :
noli foras ire, in te ipsum redi, in interiore homine habitat veritas
– « ne va pas loin de toi, entre en toi, à l'intérieur de toi habite
la vérité » (*De vera religione*, 39, 72). La formule du Docteur
d'Hippone ne se dit cependant pas en même façon, ou plutôt
prend pour un temps seulement ce que le père de la phénoménologie acquiert et revendique pour définitif. La suite du texte
du *De vera religione*, précisément coupée par Husserl, suffit à le
montrer : « car l'homme intérieur lui-même se retrouve *avec celui*
qui l'habite (ipse interior homo cum suo inhabitore conveniat) » (*De*
vera religione, 39, 72). Que la vérité puisse être hors de soi ou
extérieure, c'est une étape seulement de l'ascension que la
théologie patristique nommera symbolique *(extra nos)*. Qu'elle
habite en soi, c'est le moment de la théologie spéculative *(intra*
nos) – et que seul Husserl retient. Mais qu'elle réside aussi « au
dessus de soi » *(supra nos)*, c'est l'étape de la théologie mystique –
que Husserl précisément exclut. Il ne suffit pas que la vérité
habite « en nous », en quoi la phénoménologie rejoint ici le
moment augustinien de l'intériorité. Encore faut-il aussi qu'elle
soit reconnue comme « au-dessus de nous » en cela que *nous*
sommes en elle, et non l'inverse, ce qui fait le propre de l'incorpo-
ration patristique sur l'ipséité phénoménologique : « tu étais *plus*
intérieur (interior) que l'intime de moi-même, précise le livre III
des *Confessions*, et *plus élevé (superior)* que le plus élevé en moi »
(*Conf.* III, xi, 13, p. 82). Ce qui fait le poids de la vie n'est pas
d'abord le poids de *ma* vie fut-elle habitée de sa vie, en bonne
mystique médiévale s'entend, mais le poids de *sa* vie en tant
qu'elle prend et incorpore ma vie. Le « poids » dans son sens
positif, nous y reviendrons *(pondus)*, pèse d'autant plus lourd que

nous sommes deux et pris l'un dans l'autre, défiant ainsi toutes les lois de la pesanteur et d'une fausse légèreté gagnée par soi et toujours à la seule force du poignet.

La lecture augustinienne « au ciseau » du père de la phénoménologie Husserl – au double sens du privilège phénoménologique et de la coupure herméneutique – se répète chez son disciple Heidegger, dans la quête d'un poids de la vie qui somme toute donne toujours d'abord de la pesanteur à ma vie. Le cours de 1921 sur Augustin et le néoplatonisme demeure sur ce point sans ambages : « *oneri mihi sum* – 'je suis un poids pour moi' [...]. Il s'agit de cerner de la manière la plus précise ce caractère fondamental par lequel Augustin expérimente la *vie facticielle* » (GA, p. 205)[6]. Dit autrement, le « poids pour moi » *(onus)* n'est pas d'abord chez Heidegger coefficienté de la lourdeur du péché, et le « tracas », ou *molestia,* dit plus l'inquiétude du vivant que l'impossibilité fautive à se réaliser. Pas davantage que la « déchéance du Dasein » dans *Sein und Zeit* ne peut se dire pécheresse ou s'exprimer en termes de « chute » [§ 38 : L'échéance et l'être jeté], pas davantage le poids augustinien *(onus),* le tracas *(molestia)* ou le souci *(cura)* ne signifient dans le cours de 1921 le devenir pécheur du croyant délesté de Dieu. Et pourtant le texte des *Confessions,* là encore, ne saurait être plus clair : « tu étais avec moi et je n'étais pas avec toi [...]. Mais maintenant, puisque tu allèges celui que tu remplis, *n'étant pas rempli de toi (tui plenus non sum), je suis un poids pour moi (oneri mihi sum)* » (*Conf.*, X, XXVII, 38-XXVIII, 39). C'est à ne pas faire le plein de Dieu qu'on fait paradoxalement le plein de soi, et non pas l'inverse. Dit autrement, et selon une loi de l'inversement proportionnel sur laquelle il nous faudra revenir, moins on est avec Dieu, plus on est avec soi, et plus on est avec soi, plus on pèse de soi, sur soi, et du soi seul, et non pas de Dieu – et donc plus on est lourd, de soi et du « fardeau du soi » seulement (Mt 11, 30). Tout n'est pas seulement affaire de poids, nous le montrerons *(onus* ou *pondus),* mais de manière de le porter et de qui le porte : soi-même seul

6. Cours sur saint Augustin ou sur la mystique médiévale (GA 60), dont on ne peut aujourd'hui que déplorer la non-publication en français. Citations tirées de la traduction inédite de J. Greisch, en attente, il faut l'espérer, de voir le jour, p. 164.

portant le soi, ou Dieu me prenant moi-même pour porter avec moi mon moi. La dimension du péché, quasi exclue ou à tout le moins coupée par Heidegger, pour ne garder que le poids ou la finitude selon un système de copier-coller, perd donc, au moins au premier abord et dans une première lecture, ce qu'il en était de l'intention propre du Docteur d'Hippone – le rapport du péché et de la grâce. Je « peine sur moi-même *(laboro in me ipse)* » et « je suis devenu pour moi-même une terre de difficulté qui me fait suer *(terra difficultatis et sudoris mihi)* » (*Conf.*, X, XVI, 25, p. 185) : tel est le sens véritable et peccamineux du « poids » *(onus),* que saint Augustin avait en réalité en vue (avec la référence implicite à la sueur du travail après la faute dans la Genèse), que Jean-Luc Marion a si bien exposé (*ALS*, p. 121 et 214-217 : le désir ou le soin [§ 24]) et que Heidegger semble avoir délibérément occulté (GA 60, p. 205-210 : « le *curare* (être en souci) comme caractère de la vie facticielle » [§ 12]).

Il faut donc le conclure, au moins dans un premier temps. Ni Husserl, dans le retour à l'intériorité sans élévation (« à l'intérieur de toi habite la vérité »), ni Heidegger, dans la détermination d'un poids sans péché ou pris seulement dans la dimension du souci ontologique mais en rien religieux ou éthique (« je suis un poids pour moi »), ne sont fidèles à l'intention initiale, dans une première lecture certes, de l'évêque d'Hippone : le retour vers soi par l'élévation en Dieu et par Dieu, et le poids pour soi en l'absence seulement du véritable poids de l'amour ou poids de Dieu seul capable de m'alléger. Le double primat de l'intériorité sur la transcendance (Husserl) et de la neutralité sur le péché (Heidegger) fonde dans les deux cas une lecture détournée du corpus augustinien qu'il s'agissait certes de restaurer (d'où la juste, légitime, et bien sûr très réussie, entreprise de *Au lieu de soi* de J.-L. Marion).

Reste une question, ou plutôt *la* question. Heidegger s'est-il pour autant trompé ? Et peut-on à si bon compte opposer le « soi en ses intonations » (Heidegger) et le « soi en ses tentations » (Augustin), ou le *Dasein* au Christ : « l'enjeu pour celui qui appartient au Christ *(pertinens ad Christum)*, souligne Jean-Luc Marion, diffère essentiellement de l'enjeu pour celui qui s'identifie au *Dasein* » (*ALS*, p. 217). La question apparaît ici pour le moins essentielle. Il n'y va pas d'une simple exégèse scripturaire plus ou moins nuancée du corpus augustinien, mais de la chose même. Car, si l'appartenance au Christ extrait en quelque sorte l'humain de la dimension du Dasein ou de la finitude comme telle, ou mieux, si le rapport du péché à la grâce détermine tant et si bien l'être crée qu'il n'est pas d'autre épaisseur de l'humain en dehors de la façon peccamineuse dont il est orienté, il est alors à craindre que tout fardeau ne puisse provenir que de la faute originelle d'où finalement où il est tiré, et que la légèreté ne se gagne que dans la perte ou dans l'oubli de ce qui fait la densité de notre humanité. La vraie question à nos yeux n'est donc pas, ou plus, de savoir si Augustin est « trop grec » (Heidegger) ou « non grec » (Marion), encore méta-physicien (Heidegger) ou hors de la métaphysique (Marion), mais revient plutôt à se demander ce qui, dans la lecture encore grecque ou mieux occidentale du corpus augustinien, peut encore être conservé pour dire ce qu'il en est aujourd'hui de notre humanité. « Après la métaphysique : Augustin », certes. *Et après*, oserions-nous interroger ? Augustin serait-il encore métaphysicien qu'il n'aurait plus rien à nous enseigner ? Peu importe, à nos yeux à tout le moins. La vraie faute, ou le vrai poids du péché, n'est pas celui de la métaphysique dans son champ comme aussi dans son historicité ; mais plutôt dans la mise à jour d'un *ethos* de l'homme si inapproprié au Christ comme à nous-mêmes, qu'il en exclut tout ce qui fait le poids de notre Dasein comme aussi de notre humanité « tout court ». À trop opposer le Dasein à la figure du Christ, n'a-t-on pas condamné le *Dasein* comme tel, s'il n'est qu'être-là séparé de Dieu, et non pas incarnation phénoménologique aussi prise en charge par l'incarnation théologique ? Tout est donc affaire de « poids de la vie tout court », de celui que l'on porte certes, mais aussi de la manière de le porter, et de Celui avec qui on le porte.

II. La relève existentiale

Après l'après de la métaphysique – Augustin ou un autre – vient donc la question cruciale de la détermination de l'« après ». Nous l'avons dit dès l'introduction. Au problème des questions

de « frontières » (appartenance à la métaphysique ou à l'ontologie, distinction disciplinaire de la philosophie et de la théologie, etc.), il faut aujourd'hui substituer une analytique existentiale de nos « manières » : manières d'être, manières de porter,
épreuve de soi dans l'affectivité, autant de descriptions dont la
phénoménologie à venir saura précisément se charger. Dans cette
« relève », dite existentiale, vient alors la question majeure du
poids de notre humanité, de l'homme « tout court » pour le dire
en des termes que nous avons déjà engagés, ou de la détermination de l'homme moderne comme « figure de la finitude »
pour reprendre le mot de Foucault difficile aujourd'hui à
contester[7]. Est-il donc à ce point possible que Martin Heidegger
lui-même se soit trompé, y compris à propos de saint Augustin ?
Ou dit autrement, et ainsi que le ressassent à souhait les commentateurs chrétiens du corpus heideggérien depuis la publica-
tion du tome 60 de la *Gesamtausgabe* et du cours sur saint
Augustin (1998), la rupture du philosophe de Freiburg avec le
Docteur d'Hippone est-elle telle que la détermination du
« poids pour moi » dans sa finitude *(oneri mihi sum)* n'ait absolument rien à voir avec ce qu'Augustin lui-même pouvait viser, y
compris dans notre humanité comme telle ? La *perte* de l'ami et
la *place* de Monique dans le rapport à son fils Augustin, nous
apprendront l'une et l'autre ce qu'il en est aussi, pour elle
comme pour nous, du « poids de la vie », et donc de notre
« humanité tout court », quoiqu'il en soit du péché.

Factus eram ipse mihi magna quaestio – « j'étais devenu pour moi
une immense question » (*Conf.*, IV, IV, 9, p. 423) : « Comprendre
chez un homme, commente Heidegger reprenant Kierkegaard
mais sans se référer cette fois à "l'angoisse du péché", c'est sa
manière d'embrasser l'humain » (GA 60, p. 178 ; trad. Greisch,
p. 142). On le sait, et ce dès l'ouverture de *Sein und Zeit*, le *Dasein*
définit l'homme dans « sa possibilité essentielle du questionner »
(*S. und Z.*, § 2), et ce possible lui-même pourrait bien dériver d'une
lecture d'Augustin sur laquelle il convient maintenant de s'arrêter. Le poids de la vie en effet, chez Augustin comme chez

---

7. M. Foucault, *Les Mots et les Choses*, Paris, Gallimard, 1966, p. 323-329 :
« l'analytique de la finitude » (cit. p. 329).

Heidegger, ne dérive pas d'abord ni seulement du fardeau du péché. Il est une finitude d'exister que le croyant comme tout homme doit aussi porter, dans la limite précisément de son être crée : « Il n'y aurait pas de péché s'il n'y avait pas de finitude, souligne précisément un exégète commentant le *posse non peccare* de l'homme chez saint Augustin. Mais la finitude *n'est pas* le péché[8]. » La « question » ou *quaestio*, non pas que l'homme se pose mais qu'il *est* lui-même et pour lui-même, apparaît précisément dans un contexte chez le Docteur d'Hippone où aucune affaire de péché n'est mêlée. C'est dans la douleur du deuil, de l'ami perdu comme de l'ami disparu, qu'au livre IV des *Confessions* surgit cette définition de l'humain comme « fait et tissé en forme de question » : « Nous étions du même âge et dans la même floraison des fleurs de l'adolescence, se souvient celui qui deviendra Docteur. Avec moi, enfant il avait grandi ; ensemble nous étions allés à l'école, ensemble nous avions joué. » Plus tard, poursuit le texte, il tomba malade, « resta longtemps sans connaissance », et après un court répit, et « peu de jours après, en mon absence, il est repris de fièvre et meurt » (*Conf.*, IV, IV, 7-8, p. 417-421). La « douleur » *(dolor)* alors envahit le cœur du jeune Augustin : « plus personne ne pouvait plus me dire, regrette le Docteur d'Hippone, "le voici, il va venir", comme quand il vivait et qu'il était absent » (*Conf.* IV, IV, 9, p. 421-423). La mort ou l'expérience du deuil, pour le dire autrement et le traduire phéno-ménologiquement, n'est pas « l'absence d'une présence », comme il en va de l'ami aimé parti en voyage pour mieux se retrouver ; mais elle est « présence d'une absence », d'autant plus dou-loureuse qu'elle se sait à jamais impossible à combler, et toujours en attente pourtant de vouloir s'exaucer. « J'étais devenu moi-même *pour moi-même une immense question (mihi magna quaestio)*, conclut alors et s'avoue comme vaincu saint Augustin. Et j'interrogeais mon âme : pourquoi était-elle si triste, et pourquoi me troublait-elle si fort ? Et elle ne savait rien me répondre [...]. Seules les larmes m'étaient douces, et avaient pris la place de mon ami dans les délices de mon âme » (*Conf.*, IV, IV, 9, p. 423).

---

8. P. Agaësse, *L'Anthropologie chrétienne selon saint Augustin*, Paris, polycopié du Centre Sèvres, 1980, p. 68

On l'aura donc compris, et en dépit des sauts que l'on fait parfois faussement opérer au Docteur d'Hippone comme à l'ensemble de sa doctrine. Le « poids de la vie » est aussi et d'abord pour lui le « poids de la mort ». La question que « soi-même on est pour soi » naît ici et principalement d'une angoisse, y compris dans les *Confessions*, de la peur de décéder certes, mais surtout de mourir ou de survivre à celui qui est déjà mort. La finitude fait la question, plutôt que la question ne naît de la finitude. Aucune remise en cause de l'homme tout court ici, ni même aucune consolation trop immédiate de la douleur. « J'étais devenu pour moi une immense question » *(factus eram ipse mihi magna quaestio)* en cela que ma détermination comme être de question fait ma vie comme aussi ma mort, ou plutôt ma vie à l'orée de ma mort et de la mort de l'autre. Il est aussi et selon nous une « inquiétude positive du créé » sur et à partir de mon état d'être créé chez Augustin lui-même, que l'inquiétude négative du péché ne saurait totalement occulter. À l'inquiétude inauthentique du péché, s'oppose l'*in-quies* authentique du simple fait d'exister : « c'est dans l'inquiétude ou la souciance la plus radicale de soi-même qui est l'*authentique*, souligne Heidegger dans son cours sur Augustin de 1921 [...] qu'on accède à la situation d'expérience de soi-même la plus radicale, dans une direction de méditation dans laquelle le soi ne sait plus où il en est – *quaestio mihi factus sum* » (GA 60, p. 253, additif au § 13 [*Tentatio*]).

La confession, ou plutôt la révélation, de la mère Monique à son fils Augustin quelques pages plus haut confirme alors cette vision d'un « simple poids de la vie », y compris chez le maître d'Hippone. Avertie en songe, ou plutôt vivant dans un songe, Monique se voit rejointe par son fils au lieu même où elle-même n'a de cesse d'être comme aussi de se souhaiter, soit en Dieu lui-même : « elle verrait que *là où elle était (ubi esse illa), j'étais moi aussi (ibi esse et me)* ; elle regarda et aussitôt me vit près d'elle » (*Conf.*, III, XI, 19, p. 401). L'être soi de Monique prend donc lieu et place avec et à côté de l'être soi d'Augustin. Ensemble, ils n'occupent pas un même lieu, mais forment au moins une communauté par quoi ils se tiennent rassemblés. Le récit pourtant ne s'arrête pas là. Et le « songe » prend une autre et nouvelle tournure dès lors qu'il se transforme en « vision », dès lors qu'il prend la forme d'un « récit » : « elle m'avait raconté cette vision, confesse le Docteur d'Hippone, et moi je tentais de forcer les choses à signifier que *c'était elle*, plutôt, qui ne devait pas désespérer de *devenir ce que j'étais* » (*Conf.*, III, XI, 20, p. 401). Le jeu ici se corse. Ou plutôt le *moi* et le *tu* s'inversent. Non plus Augustin l'indécis qui devait se tenir en lieu et place ou aux côtés de Monique la croyante, mais Monique la confessante épousant les convictions d'Augustin, le non encore croyant. Dans l'échange de place, ou la réciprocité des places, l'interchangeabilité des lieux en réalité tourne court. Peu importe en effet, y compris pour aujourd'hui, que le croyant épouse l'incroyant, ou l'incroyant le croyant, si l'un et l'autre ne reconnaissent au moins un Tiers [autrui ou Dieu ?] capable de les tenir ensemble dans une commune humanité : « Non, non, me répliqua-t-elle, écrit Augustin avec un rare aplomb en la matière. On ne m'a pas dit : *là où il est lui, tu es toi aussi (ubi ille, ibi et tu), mais : là ou tu es toi, il est lui aussi (sed : ubi tu, ibi et ille)* » (*Conf.*, III, XI, 20, p. 401). La formule, pour le moins célèbre, s'entendra ici doublement, et pourra même peut-être être nouvellement interprétée.

On insistera certes, et à juste titre ici, sur le « Tiers » (Dieu), qui donne à un *ego* (Monique) d'accéder à un *alter ego* (ici Augustin) : « saint Augustin anticipe sur la doctrine phénoménologique désormais bien admise du tiers, souligne avec raison Jean-Luc Marion, mais aussitôt pour l'inverser [...]. De fait, Dieu me devient plus proche que l'autrui auquel il me donne pourtant accès » (*ALS*, p. 81). Il y a cependant plus, ou mieux voire davantage, que la seule confession du Tiers dans la réponse de Monique à Augustin. Un « on » qui a dit (« on ne m'a pas dit ») – probablement Dieu lui-même d'autant plus universalisé qu'il n'est pas identifié (*dictum est*) – impose, ou plutôt érige maintenant en loi, l'exigence pour le Tiers ou pour Dieu de se tenir là où je me tiens, et non pas l'inverse : « là ou *tu es toi*, il est lui aussi *(sed : ubi tu, ibi et ille)* » et non pas « *là où il est lui*, tu est toi aussi *(ubi ille, ibi et tu)* ». Le « il » *(ille)* et le « toi » *(tu)* désignent certes Augustin prenant la place de Monique ou Monique celle d'Augustin. Mais plus qu'eux, ou autrement qu'eux, ils renvoient l'un et l'autre à Celui qui vient habiter pleinement la place de l'être-là de l'homme, davantage que l'humain ne se prend, ou ne se projette, dans le lointain de Dieu. Dit autrement, et selon une perspective qui probablement départit de part en part la visée latine de l'orientation grecque des pères de l'Église, Dieu vient « là où *je suis moi* » *(ubi tu)* plutôt que je ne vais « là où *il est lui* » *(ubi ille)*. La voie de l'humanisation prime sur celle de la divinisation, ou la rencontre de Dieu dans l'épaisseur de l'homme importe davantage que la fusion de l'homme dans l'union à Dieu. Il n'y va pas ainsi, ou pas seulement, de péché chez saint Augustin, mais aussi de pure et simple humanité.

On insistera alors, pour faire voir précisément la « relève existentiale » qu'on pourra ici innerver – avec ou sans considération de la sphère de la métaphysique elle-même. Rien n'indique que Martin Heidegger se soit à ce point trompé, y compris à lire le corpus augustinien lui-même, à la fois dans la détermination du poids de la vie *(oneri mihi sum)* et dans celle de sa facticité *(mihi quaestio factus sum)*. Dans l'un et l'autre cas, comme dans tous les cas, ce qui pèse d'abord et en creux est le fait d'être ou d'exister – fût-ce en étant séparé de Dieu *(onus)*, ou alors en reconnaissant la lourdeur de la question que pour moi-même je suis devenu *(quaestio)*. Le poids pèse, de tout son poids certes, et tel est ce qui fait chez Augustin le fardeau lui-même de cela même que pourtant nous avons à porter. Aucune échappée ni échappatoire n'est donnée ni livrée à trop bon compte, au risque à l'inverser d'oublier qu'il n'y a de légèreté et de résurrection que dans l'acte de métamorphoser. Seul un poids, ou plutôt un « contrepoids », fera alors le pendant à l'insurmontable douleur du simple fait d'exister, si tant est qu'un tragique, dans la mort de l'ami par exemple, puisse être dépassé : soit le poids ou le contrepoids de l'amour, plutôt que le simple fardeau du soi, voire aussi de la mort – *amor pondus* (poids de l'amour) davantage encore que dérive de l'*onus* (poids du péché ou de la mort).

III. DEUX POIDS, DEUX MESURES

Mesurer le poids, ou plutôt « perdre du poids » puisque somme toute cela pèse de n'être que soi avec soi, n'est pas se décharger de soi ni se délivrer du soi. Aucune fuite de l'*ego* à trop bon compte dans la phénoménologie comme aussi dans la mystique. La difficulté de vivre, comme aussi de la vie, est d'abord et étonnement chez saint Augustin *temptatio* au sens premier et ontologique du terme (essai, expérience, épreuve [*tempto* : toucher, examiner, essayer]), et ensuite seulement « tentation » comme dérive éthique du péché enracinée bien évidemment sur le premier : « n'est-elle pas une épreuve *(temptatio)* la vie humaine sur terre, s'interroge le maître d'Hippone au livre X des *Confessions* ? Qui peut vouloir les tracas *(molestias)* et les difficultés *(difficultates)* [...] ? Quel juste milieu y a-t-il où la vie humaine ne soit pas une épreuve *(non sit humana vita temptatio)* ? » (*Conf.*, X, XVIII, 39, p. 211). Qu'on se le dise donc pour éviter ici toute dérive. Point n'est question, cela va sans dire, de nier la dimension peccamineuse du « poids de la vie », comme aussi la responsabilité de l'homme qui y est engagée. Reste que la vie elle-même, indépendamment de son poids pour moi *(onus)* ou de son poids pour Dieu *(pondus)*, demeure une épreuve et un essai à vivre comme à supporter *(temptatio)* – une traversée et un danger dans l'expérience [*Erfahrung* (Heidegger)] plus encore que la simple affection dans un vécu [*Erlebnis* (Husserl)]. Dans la « *temptatio* perpétuelle », Augustin « expérimente la vie facticielle », commente Martin Heidegger, et « comprend à partir de là en quel sens celui qui se vit dans une telle lucidité et à un tel niveau d'accomplissement est nécessairement un fardeau pour lui » (GA 60, p. 206 ; trad. Greisch, p. 164-165). Relire les *Confessions*, insiste alors le professeur de Freiburg et selon une formule pour le moins annonciatrice, c'est comprendre « dans quelle mesure la *temptatio* est un *authentique existential* » (GA 60, p. 236 ; trad. Greisch, p. 205).

On pourrait certes et à nouveau crier au détournement de la pensée augustinienne, vouloir tout centrer sur le péché et se satisfaire de l'attente d'une vie *in patria* dans un monde quasiment impassible et désincarné. Mais qu'en est-il et qu'en sera-t-il alors de l'épaisseur de ma vie *in via*, si elle ne tenait sa propre in-quiétude que du péché ? Faudrait-il que le repos soit à ce point planifié que nous n'ayons plus rien à lui envier, ni même à le désirer ? De l'« usage » *(utendum)*, on retiendra certes la nécessité de s'entraider. Mais de la « jouissance » *(fruendum)*, on fera cette fois le lieu et le ressort d'une vie à jamais vivante sans se perdre dans le calme d'un ennui dont le repos pourrait bien nous effrayer : « parmi toutes les choses qui viennent d'être mentionnées, souligne le *De doctrina christiana*, figurent celles dont nous devons jouir *(fruendum)* [...] ; de toutes les autres au contraire il faut user *(utendum) afin de pouvoir parvenir à la pleine connaissance des premiers* » (I, XXII, 20). Jusque dans l'amour, il se tient donc de l'humain qui conduit au divin, de l'usage de l'*utendum* qui tend à la jouissance du *fruendum*. Du poids de soi dans l'*ego (onus)* il convient alors, et maintenant, de passer au poids de soi dans l'*alter ego (pondus)*.

Il y a en effet chez saint Augustin « deux poids, deux mesures », ou plutôt ce qui fait le poids est d'abord la mesure du poids. Certes, nous l'avons dit, « je suis un poids pour moi » *(oneri mihi sum)*, dès lors que « plein de toi je ne suis pas » *(tui plenus non sum)*. L'*onus* au livre X des *Confessions* fait de moi mon moi, et en pèse précisément le poids en cela que tout de moi y est, tant et si bien que rien de ce qui n'est pas moi ne saurait non plus s'y insérer, et encore moins s'en charger (*Conf.*, X, XXVIII, 39, p. 209). Reste qu'au livre XIII des *Confessions*, et donc pratiquement à la fin du texte, un autre poids, ou mieux un « contrepoids », y fait irruption et se charge d'en inverser le sens : « mon poids, c'est mon amour *(pondus meum amor meus)*, s'exclame le Docteur d'Hippone ; où que je me porte *(eo feror)*, c'est lui qui m'y porte *(quocumque feror)* » (*Conf.*, XIII, IX, 10, p. 441). Les poids effectivement, ici, sont deux. Non pas en cela seulement que le poids du fardeau *(onus)* se distingue du poids de l'amour *(pondus)*, mais par là, et chrétiennement cette fois, que le poids de l'« attirance vers le bas » *(ad ima)* caractéristique des corps ne s'identifie pas au poids du lieu propre de l'amour *(ad locum)* consacrant la gloire (*kâbôd*, poids) : « un corps en vertu de son poids tend à son lieu propre, rappelle Augustin reprenant la *Physique* d'Aristote (livre IV), le poids ne va pas forcément en bas, mais au lieu propre » (*Conf.*, XIII, IX, 10, p. 441). La « pesée » dans l'amour est ici inversement proportionnelle aux lois de la physique. Plus on pèse d'« amour » et plus le poids de moi se porte « au *lieu de soi par Dieu* », pour reprendre J.-L. Marion, et devient donc *léger* pour moi. Et plus on pèse à l'inverse de

« haine », et plus le poids de moi se porte « *au lieu de moi par moi* » et devient donc *lourd* pour moi. On devient paradoxalement, et contre toutes les lois humaines de la pesée, plus lourd en étant *seul* qu'en étant *deux*, ou mieux, plus grave dans l'esseulement, que glorieux dans la communion : « rempli de Dieu, je subis l'impact d'un poids orienté vers le haut, tandis que, rempli (en fait étouffé) par moi seul, je subis un poids vers le bas » (J.-L. Marion, *ALS*, p. 363).

Et pourtant la question revient, ou plutôt demeure. L'*amor pondus* ou le « poids de l'amour » prendra-t-il à ce point le pas sur le « poids de la finitude » ou le « poids du vivant » qui fait qu'aimer est en quelque sorte toujours quitter, son être ici-bas comme aussi cette chair qui fait notre être-là ? Rien n'est moins sûr, à nos yeux à tout le moins, et y compris chez Augustin.

La béatitude en effet n'est pas simple « repos », au sens du statique qui aurait annihilé ce tout qu'il y a de dynamique en l'homme. La vie heureuse consiste plutôt à « se réjouir de jouir de la vérité *(beata vita est gaudium de veritate)* » insiste le livre X des *Confessions* (*Conf.* X, 23, 33, p. 200), et le « plaisir » *(delectatio)* est quasi le poids de l'âme *(quasi pondus animae)* » répond comme en écho le *De musica* (VI, 11, cité et commenté J.-L. Marion, *ALS*, p. 360). Sur la terre comme au ciel on ne cesse donc pas de « jouir » *(frui)*, fût-ce autrement et sans « user » ni « abîmer » cette fois *(uti)* : « le *se réjouir lui-même* est un renvoi radical au soi, à la facticité authentique, note Heidegger dans son cours de 1921 sur Augustin dans une mention qu'il oubliera très largement dans *Être et Temps* au profit du seul existential de l'angoisse [...]. *Vouloir se réjouir* (ou vouloir s'éloigner de la souffrance) en est donc le motif véritable : avoir la joie » (GA 60, p. 196 ; trad. Greisch, p. 156).

Cette joie, qui cette fois vient de Dieu et non des hommes, n'est donc pas chez le Docteur d'Hippone « arrêt du mouvement », ni « perte du poids » ou « perte de poids », de sorte que l'existence chrétienne ne serait que régime amaigrissant pour un monde qui n'aurait plus de saveur *(sapor)* ni de sagesse *(sapientia)*. Certes, « tu nous as faits orientés vers toi, et notre cœur est *sans repos (inquietum)* tant qu'il ne repose en toi », avoue saint Augustin dès l'ouverture le livre I des *Confessions* (*Conf.*, I, 1, 1, p. 273). Et « dans le sabbat de la vie éternelle, attend-il au livre VIII en la clôture des *Confessions*, nous espérons nous reposer en toi *(requiescamus in te)* » (*Conf.*, XIII, xxxvi, 51, p. 523). Mais en deçà, voire au cœur même, d'un tel repos à tout le moins promis, une sorte d'inquiétude positive dans la jouissance demeure donc en l'homme, ou à tout le moins en Dieu, celle par laquelle « Seigneur tu es *toujours en action, toujours en repos (semper operaris et semper requiescis)* », et « alors tu te reposeras en nous tout comme aujourd'hui tu agis en nous, et ainsi *ce repos sera tien à travers nous (et ita erit illa requies tua per nos)*, tout comme *cette action est tienne à travers nous (quemadmodum sunt ista opera tua per nos)* » (*Conf.*, XIII, xxvii, 52, p. 523).

Quand la catégorie des « poids lourds » *(onus)* passe donc et ainsi dans celle des « poids légers » *(pondus)*, ce n'est pas en cela que ni les uns ni les autres des lutteurs charnels ou des protagonistes spirituels ne pèsent plus de tout leur poids ou de toute leur force, bien au contraire. Peu importe, pour tout dire, le léger ou le lourd dans le « poids de la vie », dès lors qu'il est existentiellement interrogé, et non pas seulement campé en des frontières toujours par avance, et métaphysiquement ou non, prédéterminées. Le « joug facile à porter et le fardeau léger » (Mt 11, 30), ne dépendent pas du poids en lui-même, mais plutôt de la *manière* de s'en charger et d'accepter de s'y laisser accompagner. Tout poids en réalité est lourd, parce que la vie tout simplement « pèse », sinon du fardeau du péché, au moins de la pesanteur d'exister. La « douceur » consiste alors à « *porter légèrement le lourd fardeau* », faut-il pour conclure affirmer avec Kierkegaard, héritier en cela de saint Augustin ; et l'« impatience » ou la « mauvaise humeur », à « *porter lourdement le léger fardeau* ». Le chrétien ne diffère pas des autres « par l'exemption du fardeau », mais se montre chrétien « en le portant légèrement » : « celui qui porte le joug utile est celui qui, *lourdement chargé*, avoue le philosophe danois, porte le léger fardeau, celui-là est chrétien ! » [9].

---

9. S. Kierkegaard, *Discours édifiants, L'Évangile des souffrances* (1847), in *Œuvres complètes*, t. XIII, Paris, Éd. de l'Orante, 1966, respectivement p. 235 et p. 241-242. Avec le juste commentaire de J. de Gramont, *Les Discours de la vie, Trois essais sur Platon, Kierkegaard et Nietzsche*, Paris, L'Harmattan, 2001, p. 216-229 : « Le retournement de la souffrance en joie ».

« NOTRE CŒUR EST SANS REPOS ». *THEOLOGIA CRUCIS* ET « CONSIDÉRATION MÉTAPHYSIQUE DU MONDE » D'AUGUSTIN À HEIDEGGER *VIA* LUTHER.

SUIVI D'UNE REMARQUE SUR *AU LIEU DE SOI* DE J.-L. MARION

CHRISTIAN SOMMER

Nous proposons dans ce qui suit d'examiner comment les « catégories dynamiques » de la « vie facticielle », que Heidegger élabore dans son cours fribourgeois de 1921/22, procèdent d'une transformation réglée de son interprétation du livre X des *Confessions* dans le cours de 1921, opération menée avant *Sein und Zeit*, donc avant la subordination de la vie facticielle comme *vita humana* à l'enjeu de la question de l'être[1].

Le cours de 1921-1922 nous paraît particulièrement significatif, car il permet d'observer comment Heidegger cherche à conceptualiser pour la première fois, par le truchement d'Aristote, les phénomènes de la vie religieuse qu'il avait mis en lumière dans le cours précédent. Une note préparatoire du cours de 1923 indique assez bien cette tension entre Aristote et le Nouveau Testament qui anime les recherches du jeune Heidegger : « Aristote – Nouveau Testament – Augustin – Luther. / à partir des deux, proposition intentionnelle *<Vorhabe>* et anticipation *<Vorgriff>*. Destruction de la philosophie avec l'idée de recherche, herméneutique de la facticité »[2].

Nous voudrions par ailleurs présupposer, comme une référence virtuelle de notre exposé, l'analyse du phénomène de

---

1. Cette contribution reprend et modifie l'article « L'inquiétude de la vie facticielle. Le tournant aristotélicien de Heidegger (1921/22) », in *Les Études philosophiques*, 1/2006, en lui ajoutant une remarque sur la présence de Heidegger dans *Au lieu de soi* de J.-L. Marion. L'appareil de notes a été réduit au strict minimum.

2. Heidegger, *Ontologie (Hermeneutik der Faktizität)*, semestre d'été 1923, *Gesamtausgabe* [désormais : GA], t. 63, p. 106.

la tentation comme épreuve de soi au chapitre IV d'*Au lieu de soi* de J.-L. Marion. Nous reviendrons explicitement, à la fin, sur le débat entre ces deux lectures d'Augustin, un débat qui engage, comme le suggère l'un des sens du titre de la présente journée d'étude, la question de savoir si Augustin peut être situé, et sur quel mode, « après la métaphysique », c'est-à-dire si une lecture non métaphysique est possible, et sous quelles conditions, mais aussi, comme implication de cette question, à quoi peuvent ressembler des pratiques philosophiques contemporaines du corpus augustinien.

Dans sa lecture du livre X des *Confessions*, Heidegger avait assez longuement analysé l'« amour du monde » sous la forme de la triple concupiscence *(concupiscentia, Begierlichkeit)*, la concupiscence de la chair, la concupiscence des yeux et l'ambition du siècle (orgueil = désir de louange), structurant « cette vie humaine sur terre » qui est « de part en part tentation »[3], triple concupiscence augustinienne qui reprend, comme on sait, la tripartition de la Ire Épître de Jean (1 Jn 2, 15-17) décrivant l'« amour du monde ».

C'est de cet « amour du monde » qui nous roule dans son « tourbillon » que Heidegger avait donné une esquisse phénoménologique tout à fait remarquable en élaborant, dans le cours de 1921-1922, les catégories dynamiques, en apparence quelque peu baroques, que sont l'inclination *(Neigung)*, la distance *(Abstand)* et le verrouillage *(Abriegelung),* ainsi que l'architistructure intentionnelle de la reluisance et de la préconstruction.

L'inclination, dit Heidegger, confère un poids *(Gewicht)* et une pression *(Druck)* qui entraîne et emporte la vie facticielle dans la dispersion *(Zerstreuung)*[4]. La *Neigung* est le mouvement dispersif qui porte à la tentation[5]. Heidegger récapitule dans cette catégorie son interprétation phénoménologique du *defluere* et

---

3. Augustin, *Conf.*, X, xxxii, 48 ; Jb 7, 1 ; Heidegger, *Augustinus und der Neuplatonismus*, semestre d'été 1921, *in* GA 60, p. 217.

4. *Cf.* Heidegger, *Phänomenologische Interpretationen zu Aristoteles. Einführung in die phänomenologische Forschung*, semestre d'hiver 1921-1922, GA 61, p. 101, 102, 119.

5. *Cf.* Heidegger, *Phänomenologische Interpretationen zu Aristoteles* (Natorp-Bericht, 1922), p. 19.

de la *molestia* dans le cours sur Augustin. En tant que « comment » de la vie, la *molestia* (charge) concentre toute la « croix » et la « gravité » de ma facticité. Elle est une charge *(Beschwernis)* et une oppression *(Bedrängnis)*[6] ; elle est une mise en danger *(Gefährdung)* de ma vie facticielle. C'est ainsi que, confronté aux tracas et aux difficultés, à la lutte intérieure de tous les jours, « je suis un poids à moi-même »[7].

La vie facticielle comme *vita humana*, se dissout et s'aliène dans la multiplicité mondaine : elle est « vécue » et « tirée » par le monde dans lequel elle est jetée[8]. Le mouvement de l'être-jeté *(Geworfenwerden, irruere)* est doublé par le mouvement d'un *defluere* : « nous glissons dans le multiple »[9], *in multa defluximus*.

Dans le cours sur Augustin, Heidegger avait trouvé la possibilité d'un mouvement contraire *(Gegenbewegung)* au mouvement défluent de la concupiscence mondaine comme éparpillement de la vie dans la notion augustinienne de continence[10], la « concentration » de la continence étant orientée sur Dieu, contrairement à la concentration de la concupiscence *(concupiscere, zusammen-begehren)*, orientée sur les objets mondains[11].

La vie facticielle est ainsi écartelée par deux mouvements antagonistes qui sont autant de modes fondamentaux de la *cura*, de la sollicitude ou du souci *(Bekümmerung)*[12] au centre de la vie chrétienne exposée à la tentation. Pour le dire dans les termes de Paul : « la chair convoite contre l'esprit et l'esprit contre la chair ; il y a entre eux antagonisme, si bien que vous ne faites

---

6. *Cf.* Heidegger, GA 60, p. 244, 294. Dans son cours précédent sur Paul, Heidegger utilise, selon l'usage, *Bedrängnis* pour traduire *thlipsis* (oppression, affliction, tribulation) ; cf. *Einleitung in die Phänomenologie der Religion*, semestre d'hiver 1920/21, *in* GA 60, p. 97 sur 1 Th 3, 7.

7. Augustin, *Conf.*, X, XXVIII, 39.

8. *Cf.* Heidegger, GA 60, p. 228 *(Gelebtwerden)*, 206 *(Gezogenwerden)*, 250-251 *(Geworfenwerden = irruere)*.

9. Augustin, *Conf.*, X, XXIX, 40 ; Heidegger, GA 60, p. 205-206, 250.

10. Augustin, *Conf.*, X, XXIX, 40 ; II, 1, 1 ; Heidegger, GA 60, p. 205.

11. *Cf.* Heidegger, GA 60, p. 211.

12. *Bekümmerung (Bekümmernis)* traduit, selon l'usage germanique (qui dispose aussi de *Sorge*), *merimna (sollicitudo, anxietas)* ; cf. 2 Co 11, 28 ; 1 Co 7, 32-34 ; 1 P 5, 6-7. *Cf.* Heidegger, *Sein und Zeit*, p. 199, n. 1.

pas ce que vous voudriez » (Ga 5, 17)[13]. Ce conflit *(Widerstreit)* dynamique marque le déchirement ou le clivage *(Zerissenheit, Zwiespältigkeit)* de la vie facticielle qui n'offre aucun *medius locus* entre les contraires[14], qui n'offre aucun repos à notre « cœur inquiet »[15], car, pour échapper complètement à la tentation, il faudrait pouvoir « sortir de ce monde » (1 Co 5, 10).

Venons-en à la deuxième catégorie dynamique développée par Heidegger, la catégorie de la distance *(Abstand)*. Distance et inclination sont intriquées : le « devant » *(pro, Vor)* de la distance (au sens temporel plus que spatial) que suppose toute pro-position *(Vorhabe)* et projet d'être soi, est recouvert *(verdeckt)*, refoulé *(abgedrängt)* et dispersé *(zerstreut)* par l'inclination.

Par *Abstand*, Heidegger traduisait en 1921 le terme augusti-nien de *distantia* qu'on trouve dans l'expérience clivée de la tentation, déchirée entre les deux « moi »[16] : « la distance même entre les deux états nous découvre que ce n'est pas nous qui avons fait cela ; et pourtant cela s'est fait en nous de quelque façon, et nous le déplorons »[17], ce qui semble référer à Rm 7, 20 : « Or si je fais ce que je ne veux pas, ce n'est plus moi qui accomplis l'action, mais le péché qui habite en moi ».

Dans sa glose de ce passage des *Confessions*, Heidegger mon-trait que, assujettie à un accroissement répétitif des signifiances objectives générées par le monde, assaillie par le « bourdonne-ment de milliers d'objets », la vie facticielle, diluée dans la réalité mondaine, se trouve emportée dans un circuit compulsif et autosuffisant qui investit la fonction de donation du sens *(Sinngebung)* pour la facticité[18].

En associant ainsi le motif néo-testamentaire (paulinien) du péché excessivement pécheur (Rm 7, 13) et celui de l'excès dans la doctrine aristotélicienne du juste milieu, Heidegger forge la

---

13. *Cf.* aussi Augustin, *Conf.*, X, xxviii, 39 ; Heidegger, GA 60, p. 207-209.

14. *Cf.* Heidegger, GA 60, p. 208-209, 213-214, 250.

15. Augustin, *Conf.*, I, 1, 1 ; Heidegger, *Grundprobleme der Phänomenologie*, semestre d'hiver 1919-1920, GA 58, p. 62, 205.

16. *Cf.* Heidegger, GA 60, p. 213 ; GA 61, p. 263, 283 ; Augustin, *Conf.*, X, xxx, 41 ; Rm 7, 14-23.

17. Augustin, *Conf.*, X, xxx, 41.

18. *Cf.* Heidegger, GA 60, p. 218-220, 256.

notion d'hyperbolique *(das Hyperbolische)* pour qualifier ce mode d'être de la vie où la multiplicité comme telle devient objet du souci inquiet, de la *cura*[19] : la vie assoiffée de nouveauté accroît sans cesse, «hyperboliquement», les possibilités mondaines, produisant un excédent perpétuel de signifiance.

Pour élaborer la troisième catégorie, le «verrouillage», Heidegger reprend également un phénomène dégagé à partir des *Confessions*[20]. Dans l'orientation déchéante *(Abfallsrichtung)* vers la joie mondaine, qui les éloigne de la *vita beata*, fixés sur l'attrait du plaisir immédiat, les «dévoyés» se verrouillent eux-mêmes *(Sich-selbst-abriegeln)* contre la vérité tout en ne désirant pas être trompés[21].

La vie facticielle se «verrouille» pour se défendre contre elle-même, mais par là même elle s'oublie et suscite sa propre omission, en esquivant la possibilité de «se rencontrer elle-même»[22]. En accroissant excessivement (par «hyperbole») les possibilités mondaines, la vie accroît dans le même mouvement les possibilités de se méprendre, c'est-à-dire de se manquer, d'omettre son soi (par «ellipse») : autrement dit, en se représentant le monde comme le bien véritable qu'il n'est pas, la vie s'évite elle-même et ne rencontre que son masque, ce que Heidegger appelle d'un terme luthérien la «larvance» *(Larvanz)*.

Regardons maintenant comment Heidegger met en relief le trait dynamique inhérent à chacune des trois catégories fondamentales de la vie facticielle, déjà nommées à cette époque «existentiaux» *(Existenzialien)*[23], pour faire apparaître leur sens fondamental qu'est la mobilité, la *Bewegtheit (kinêsis)*. Chaque catégorie est marquée par la reluisance *(Reluzenz, Zurückleuchtung)* et la préconstruction *(Praestruktion, Vorbau)*[24].

L'inclination, première catégorie dynamique de la vie facticielle, se meut dans un circuit autoréférentiel : «l'inclination se montre comme quelque chose qui se meut vers elle-même. La

---

19. *Cf.* Heidegger, GA 61, p. 104.
20. *Cf.* Augustin, *Conf.*, X, XXIII, 34.
21. *Cf.* Heidegger, GA 60, p. 200-201, 252.
22. Heidegger, GA 61, p. 106, 107-108.
23. *Cf.* Heidegger, GA 61, p. 117 ; GA 60, p. 232, 256.
24. *Cf.* Heidegger, GA 61, p. 119.

vie, se souciant sous ce rapport, reluit sur elle-même, forme
l'éclairage du milieu environnant pour les contextes particuliers
du souci qui vont se présenter »[25]. Dans *Sein und Zeit*, Heidegger
appellera ce phénomène la ré-flection *(Rückstrahlung)* ontologique de la compréhension du monde sur l'interprétation de
l'être-là : l'être-là interprète spontanément son être à partir de
l'étant mondain disponible ou maniable[26]. La vie tire du monde
reluisant les directions de son souci, « elle préconstruit à partir
de ce monde et pour ce monde »[27].

Pour décrire le circuit de l'inclination à la dispersion,
Heidegger s'inspire, là aussi, de ses analyses de la vie en défluxion
chez Augustin : dans la *defluxio*, la vie facticielle égarée, guidée
par « une certaine image de joie », par un certain « idéal »[28], préconstruit une direction intentionnelle déterminée.

Quant au phénomène de la distance, la reluisance pré-
constructrice se manifeste par un mouvement de refoulement
et de retour. Par le refoulement même, la distance – c'est-à-dire
le « projet » ou la « proposition » que la vie a « devant » elle, c'est-
à-dire la possibilité de l'excellence propre *(Eigentlichkeit)* – se
trouve transférée dans le monde : elle fait retour et émerge sous
une forme mondaine[29].

Autrement dit, la référence intentionnelle du souci inquiet
fait retour pour se réfléchir dans le monde lequel aimante
désormais toute l'attention du souci exclusivement motivé par
l'ambition du siècle, ou l'orgueil *(ambitio saeculi)*. Accaparée par
le souci des affaires du monde, emportée par le « tourbillon » de
« l'amour du monde »[30], la vie préconstruit, hyperboliquement,
les possibilités mondaines qui lui reviennent en circuit fermé.

La structure primordiale de la facticité qui abrite, en
connexion réciproque, les trois catégories dynamiques, est
portée par une tendance générale à la *sécurité*. Plus la vie s'inquiète du monde, moins elle s'inquiète d'elle-même. Cette

25. Heidegger, GA 61, p. 119.
26. *Cf.* Heidegger, *Sein und Zeit*, p. 16.
27. Heidegger, GA 61, p. 119.
28. Augustin, *Conf.*, X, XXIII, 33 ; Heidegger, GA 61, p. 214.
29. *Cf.* GA 61, p. 124, 121, 103.
30. *Cf.* Augustin, *Ep. Io. tr.*, II, 10 sur 1 Jn 2, 16.

insouciance *(Unbekümmerung, Sorglosigkeit)*[31], mode privatif du souci inquiet, trahit évidemment un désir de sécurité : « La vie cherche à s'assurer et à se rassurer en détournant son regard d'elle-même [...]. La vie forme en elle-même sa propre tentation qui se transforme, dans la chute *<Fallen>*, en insouciance *(securitas)* »[32].

La vie qui préconstruit son monde, lequel reluit sur elle, s'endurcit *(Verhärtung)* contre l'insécurité *(Unsicherheit)* inhérente à la facticité[33]. Heidegger conceptualise cette tendance sécurisante *(Sicherungstendenz)* de la vie en recourant implicitement au motif néo-testamentaire de la quête de sécurité et de l'abandon de toute sécurité mondaine (1 Th 5, 3), ainsi qu'à la critique luthérienne, dans les thèses 7 à 12 de la *Controverse de Heidelberg*, de la *securitas* instaurée par le « théologien de la gloire » endurci et aveuglé par la sagesse des sages, enfermé dans le circuit de sa concupiscence. Critique dont on trouve d'ailleurs l'un des germes chez Augustin, qui notait dans son *Commentaire de la première épître de Jean* : « Jean t'enlève cette fausse sécurité et sème en toi une crainte salutaire. Tu cherches une fausse sécurité ? Sois dans l'inquiétude ! »

Heidegger indique ensuite, toujours dans le cours de 1921/22, quatre traits caractéristiques de la mobilité facticielle : le séduisant *(das Verführerische)*, l'apaisant *(das Beruhigende)*, l'aliénant *(das Entfremdende)* et le néantissant *(das Vernichtende)*[34], catégories dont on pourrait résumer l'interaction par la formule suivante : la vie se séduit elle-même et manque à elle-même en cédant à son inclination à la dispersion mondaine qui l'apaise par reluisance en sécurisant son monde préconstruit, mais n'y rencontrant toujours que son masque, la vie s'aliène de sa possibilité d'être elle-même en se complaisant dans la vanité du monde.

L'analyse de la mobilité reluisante-préconstructrice permet d'accéder au « comment » du mouvement vivant *(lebendige Bewegung)*, plus précisément au caractère d'un *se* mouvoir *(sich*

---

31. *Cf.* Heidegger, GA 61, p. 107, 109 ; *cf.* aussi GA 63, p. 103.
32. Heidegger, GA 61, p. 109.
33. *Cf.* Heidegger, GA 61, p. 120.
34. Heidegger, GA 61, p. 140.

Bewegen)[35], par quoi Heidegger réactive la définition aristotélicienne de la vie comme pouvoir de se mouvoir par elle-
même[36]. La vie facticielle *est* sa mobilité[37]. Vivre, c'est être :
« vivre *<zên>* est, pour les vivants, leur être *<einai>* même »[38],
énoncé aristotélicien que Heidegger transpose par : « vivre
<Leben> = être-là *<Dasein>*, *"être"* dans et par la vie »[39], et être
dans et par la vie, c'est pouvoir se mouvoir par soi-même.

Cette mobilité propre à la vie facticielle consiste à faire
« sortir » la vie d'elle-même : ce n'est pas la vie qui produit sa
mobilité, mais c'est le monde qui vit la vie en déterminant son
milieu *(Worin)*, son but *(Worauf)* et sa raison *(Wofür)*[40], avec
pour conséquence que le *Sorgen*, le souci, s'intensifie en se
souciant de lui-même comme d'un objet mondain.

Or, la fixation obsessionnelle de la vie facticielle sur le monde
rend « fou » ou « stupide » : « la vie facticielle veut se porter
<tragen> elle-même et finalement elle en devient, de manière
explicite ou non, folle *<toll>* ou stupide *<töricht>* ». Mais, selon
une logique paradoxale qui n'est autre que la logique de la
« croix », c'est précisément au cœur de cette mobilité de la
Besorgnis, où la vie peut devenir « folle », qu'elle peut aussi
devenir « sage », logique formulée dans la Ire Épître aux Corinthiens : « Si quelqu'un parmi vous croit être sage à la façon de ce
monde, qu'il se fasse fou pour devenir sage » (I Co 3, 18).
Autrement dit : il faut être fou pour ne pas être fou, mais par
« un autre tour de folie ».

Heidegger appelle la mobilité qui s'intensifie dans le circuit
de la *Besorgnis* la « chute » *(ruina, Sturz)* ou la « ruinance » *(Rui-
nanz)*, détermination catégoriale fondamentale de la mobilité
reluisante-préconstructrice de la vie. La ruinance, c'est « la
mobilité de la vie facticielle que la vie facticielle "opère", c'est-à-
dire "est", *en elle*-même *en tant qu*'elle-même *pour elle-même hors*

---

35. *Cf.* Heidegger, GA 61, p. 126.
36. *Cf.* Aristote, *De an.* II, 2, 412 b 17 ; *Phys.* II, 1, 192 b 14.
37. *Cf.* Heidegger, GA 61, p. 127.
38. Aristote, *De an.* II, 4, 415 b 14.
39. Heidegger, GA 61, p. 85.
40. *Cf.* Heidegger, GA 61, p. 130.

d'elle-même <in ihm *selbst* als es *selbst* für sich *selbst* aus sich hinaus> et [...] *contre elle-même* <gegen sich selbst> »[41].

Il faut comprendre que cette définition de la ruinance traduit le concept phénoménologique de la « nature » d'un étant vivant, de sa *phusis* comme naissance et éclosion qui se meut d'elle-même hors d'elle-même, d'un corps naturel qui a en lui-même un principe de mouvement (et de repos)[42]. Ce qui est né doit croître, mûrir et dépérir par soi-même[43] : l'être vivant porte en lui-même « contre » lui-même le principe de sa propre ruine, il est par nature voué à se corrompre et à déchoir.

Naissance implique ruinance, c'est-à-dire « course à la mort ». Nul hasard donc si Heidegger avait mis en exergue de son cours de 1921-1922, pour indiquer l'orientation générale de son interprétation, cette phrase de Luther, tirée du *Commentaire de la Genèse* : « aussitôt sortis du sein de notre mère, nous commençons à mourir »[44]. Le mouvement est ainsi spontanément « ruinant » et « extatique », car il expose l'étant sublunaire au changement, au temps, à la destruction, et « défait ce qui est », pour le dire avec Aristote[45].

La mobilité de la ruinance ne doit évidemment pas être comprise selon le mouvement spatial *(räumliche Bewegung)* qui obéit aux coordonnées de l'espace objectif, autrement dit, il ne faut pas réduire la mobilité facticielle au seul mouvement selon la translation dans l'espace, mais comprendre que *Bewegtheit = kinêsis, metabolê*. Le terme de la chute n'est donc rien (d'objectif) : « La destination de la chute ne lui est pas étrangère, elle

---

41. Heidegger, GA 61, p. 131.

42. *Cf.* Heidegger, *Vom Wesen und Begriff der Phusis. Aristoteles, Physik B, 1* (1939), *in* GA 9, p. 297. La structure formelle de la « nature » comme possibilité d'être propre à un étant est indiquée plus clairement dans *Grundbegriffe der aristotelischen Philosophie*, semestre d'été 1924, GA 18, p. 45-46 sur Aristote, *Pol.*, I, 2, 1252 b 30 ; *Grundbegriffe der antiken Philosophie*, semestre d'été 1926, GA 22, p. 187 sur *De an.*, II, 1, 412 a 15 (« corps naturel »).

43. Aristote, *De an.* III, 12, 434 a 24-25 ; II, 1, 412 a 14 ; Heidegger, GA 22, p. 124, 185, 187.

44. Luther, WA 42, 146 (LO XVII, 173). Sur ce thème classique de la « course à la mort », qu'on retrouvera dans le *Vorlaufen* de *Sein und Zeit*, *cf.* Sénèque, *Consolation à Marcia*, XXI, 6 ; Augustin, *La Cité de Dieu*, XIII, 10.

45. *Cf.* Aristote, *Phys.*, IV, 12, 220 a 30 - 221 b 3.

possède elle-même le caractère de la vie facticielle, à savoir *"le néant de la vie facticielle"* »[46].

Pour porter au concept l'anéantissement de la vie facticielle, Heidegger exploite, là aussi, les ressources de l'expérience augustinienne de la *tentatio*, ainsi que les théologoumènes luthériens de la justification que sont la *corruptio* radicale du pécheur et l'*annihilatio* comme *opus alienum Dei*.

Heidegger, en 1921, avait souligné en effet, dans sa glose des *Confessions*, le phénomène de la chute *(Sturz)* dans cette forme « malfaisante » de la tentation qu'est la complaisance mondaine qui fait de nous des « êtres creux » : « Dans cette forme de tentation, il est une possibilité de déchéance qui est telle qu'en elle, le soi, et par conséquent l'être-là de l'individu, devient vain en général et se dissipe dans le vide et dans le néant[47]. »

Par lui-même, l'homme, pécheur, réduit à lui-même[48] dans l'amour de soi *(Liebe um sich selbst)*, n'a pourtant rien dont il pourrait se vanter et pour quoi il pourrait se faire louer. Ses éventuels mérites, et plus généralement son existence, ne peuvent lui venir que de Dieu : « devant Dieu, être homme signifie être néant »[49], comme dit Heidegger glosant Luther glosant Paul. Et Heidegger remarque : « Dans la sollicitude de soi <*Selbstbekümmerung*> ultime, la plus décisive et la plus pure, se tient la possibilité de la chute la plus abyssale et de la perte de soi <*Sichselbstverlieren*> la plus authentique[50]. »

J'atteins le degré maximal d'éloignement de moi-même lorsque « je suis devenu pour moi-même une question », lorsque je suis devenu à moi-même le « pays de mes difficultés ». Cette mise en question radicale de ma vie facticielle où « je suis un poids pour moi-même », constitue la tentation à proprement parler, la tribulation *(tentatio tribulationis, Anfechtung)*. Mais si la charge de la *molestia*, au cœur de la vie facticielle, abrite le danger (expérience, péril ; *Erfahrung, Gefahr*) de se perdre, elle

46. Heidegger, GA 61, p. 145.

47. Heidegger, GA 60, p. 237 ; Augustin, *Conf.*, X, xxxix, 64.

48. *Cf.* Heidegger, GA 60, p. 294.

49. Heidegger, GA 60, p. 235 ; 234, 238-239 ; Augustin, *Conf.*, X, xxxvi, 64 ; 36, 59.

50. Heidegger, GA 60, p. 240, 253.

abrite aussi l'occasion d'entrer en possession de l'existence par l'épreuve même qui en contrarie le déploiement[51], selon la dialectique paradoxale formulée dans le Nouveau Testament : « Qui veut sauver sa vie la perdra, mais qui perdra sa vie à cause de moi la trouvera » (Mt 16, 25).

C'est aussi la leçon d'Augustin lorsqu'il écrit dans les *Confessions* : « Au milieu de tous ces périls et labeurs et autres de même genre, tu vois que tremble mon cœur ; et, je le sens bien, tu as choisi de guérir mes blessures, chaque fois, plutôt que de me les épargner[52]. »

Heidegger nourrit également sa conceptualisation phénoménologique de l'anéantissement de la vie facticielle de ce qu'il appellera dans un exposé de 1924 dans le séminaire de Bultmann la mobilité du péché *(Bewegtheit der Sünde)* comme manière d'être *(Weise des Seins)* dans son exégèse du commentaire luthérien de Gn 3, 8-10 sur le « péché originel » *(Ursünde)*[53]. La structure dynamique tirée de la problématique luthérienne du péché, laquelle approfondit les phénomènes augustiniens sous le signe de la *theologia crucis*, paraît acquise dès le cours de 1921-1922.

La « chute » *(Fall, Sündenfall)* implique l'incrédulité de *l'aversio Dei*. Dans l'être-éloigné *(Abgekehrtsein)* de Dieu, l'homme fuit Dieu et se réfugie dans le monde ; mais il n'y a pas de fuite possible devant Dieu. Le péché détourne de Dieu et fixe le désir *(cupiditas, concupiscentia)* du pécheur, sa *Besorgnis*, sur les choses créées et, pour finir, sur le suprême objet de vanité : lui-même.

Le péché est en rapport direct avec le néant : le pécheur en fuite est néant devant Dieu dont il dépend, il est *nihil per se* ; par le péché, l'homme s'est rendu lui-même « néant et vain, mortel, transitoire, temporel »[54], comme dit Luther. C'est la passion et la croix qui anéantissent l'amour pervers : l'anéantissement signifie la *ruine* du « vieil homme » pécheur[55].

---

51. *Cf.* Heidegger, GA 60, p. 195, 208, 215, 245, 248, 253, 265-266.

52. Augustin, *Conf.*, X, XXXIX, 64 ; Heidegger, GA 60, p. 241.

53. *Cf.* Heidegger, *Das Problem der Sünde bei Luther* (1924), p. 31-32.

54. Luther, WA 4, p. 164 *(Dictata super Psalterium*, 1513-1516).

55. *Cf.* Heidegger, GA 60, p. 215 ; Luther, AWA 2, p. 305-306 *(De spe et passionibus)* sur Ps 115 (116), 11 où l'expérience de l'anéantissement se traduit par une chute *(cadere, ruere)* vers le néant, dans la main de Dieu.

Par l'évacuation de la vaine gloire de son être dont il se gonflait, le pécheur est mis en situation de comprendre qu'il n'est rien par lui-même et devient apte à recevoir l'amour de Dieu. La sécurité de la vie facticielle enfermée dans le circuit reluisant-préconstructif de la sollicitude mondaine est anéantie par l'intervention de l'œuvre « étrangère » de Dieu pour produire son œuvre « propre ». La vie facticielle « vaine et menteuse » ainsi humiliée devient alors néant dans la vérité de Dieu.

C'est donc dans la passion et la croix que la vie facticielle peut reconnaître son propre néant et accéder à son être, et non par une « considération métaphysique du monde » *(metaphysische Weltbetrachtung)*[56], comme disait Heidegger en paraphrasant, dans son cours sur Augustin de 1921, la thèse 19 de la *Controverse de Heidelberg*, considération métaphysique qui neutralise l'inquiétude fondamentale de la vie facticielle. Pour briser le circuit pathogène de la concupiscence qui ne voit Dieu que par « reluisance » dans ses œuvres mondaines, Luther prescrit, avec Paul, la « destruction » de cette sagesse « païenne » qui génère « hyperboliquement » les signifiances mondaines en verrouillant « elliptiquement » Dieu.

Arrêtons-nous brièvement sur la critique de la « considération métaphysique du monde » que Heidegger formulait à partir de cette thèse 19 dans le cours sur Augustin. Dans la thèse 19, Luther se réfère à Rm 1, 20 pour définir négativement le « théologien de la gloire » qui prétend connaître et voir Dieu sans l'avoir *per passiones et crucem* : « On ne peut appeler à bon droit théologien celui qui considère que les choses invisibles de Dieu peuvent être saisies à partir de celles qui ont été créées[57]. »

Dans la brève *probatio*, Luther renvoie à Rm 1, 22 pour qualifier de « fous » ceux qui ont adopté cette attitude : connaître les *invisibilia Dei* que sont « la force, la divinité, la sagesse, la justice, la bonté, etc. » ne rend ni digne ni sage[58]. Luther critique surtout la connaissance de Dieu par les choses créées, connaissance qui suppose ce que Heidegger appelait donc dans sa glose

---

56. *Cf.* Heidegger, GA 60, p. 282 ; Luther, LO I, p. 125 (WA 1, p. 354).
57. Luther, LO I, p. 125 (WA 1, p. 354).
58. Luther, LO I, p. 135 (WA 1, p. 361).

une « considération métaphysique du monde » définissant « l'objet de la théologie », à savoir : Dieu[59].

Comme l'a rappelé ailleurs Heidegger, Rm 1, 20 a alimenté un thème central dans la tradition médiévale, le problème de la connaissance de Dieu[60] et celui de l'analogie de l'être[61]. À titre exemplaire pour la tradition aristotélico-thomiste, Luther vise, dans sa thèse 19, Thomas d'Aquin, dont la doctrine de l'analogie recourt précisément à Rm 1, 20 (« Les attributs invisibles de Dieu nous sont rendus manifestes au moyen de ses œuvres »). Thomas rejette l'attribution univoque, tout en refusant l'attribution équivoque en se référant à ce passage de Paul, et en précisant que « les noms en question sont attribués à Dieu et aux créatures selon l'analogie, c'est-à-dire selon une certaine proportion »[62].

Sans entrer dans cette vaste problématique, retenons que pour Luther, et sans doute pour Heidegger lisant Luther, le « théologien de la gloire » prétend que les « choses qui ont été créées » renvoient à leur Dieu créateur selon un rapport analogique entre l'effet et la cause. Les effets, les œuvres ne sont pas commensurables à leur cause : à proportion de sa perfection, la créature reçoit l'être par distribution du créateur et par la participation à celui-ci. C'est ce rapport qui est mesuré par l'analogie, et c'est cette mesure que Heidegger qualifie de « considération métaphysique » qui, prétendant comprendre « les choses invisibles de Dieu », fait de Dieu un objet de spéculation. La compréhension de la relation entre Dieu et le monde à partir du principe de causalité érige Dieu en cause absolue, *causa sui* et *causa prima*, en quoi réside sa détermination *in gloria*.

Remarquons ici, en passant, qu'on pourrait voir dans la reprise heideggérienne de la thèse 19 l'une des matrices de sa thèse polémique, plus tardive, sur la métaphysique comme constitution onto-théo-logique, énoncée dans la conférence

---

59. *Cf.* par ailleurs Heidegger, GA 60, p. 97 sur 1 Th 1, 9-10 avec une référence implicite à la thèse 19.

60. *Cf.* Denys, *De div. nom.*, VII, 3 ; Thomas, *In libri beati Dionysii De div. nom.*, 1 *sq.* ; *In div. nom.* I, 3, 82, 27 *sq.*

61. *Cf.* Heidegger, GA 20, p. 235.

62. Thomas, *S. theol.*, I, q. 13 a. 6.

bien connue de 1957 qui porte ce même titre, et où Heidegger oppose un Dieu divin *(göttlicher Gott)* à un Dieu *causa sui* comme «Dieu de la philosophie», à l'adresse duquel il ne serait pas possible de «danser» ou de «prier»[63]. Mais c'est dès 1921-1922, dans notre contexte, qu'on trouve donc cette opposition entre le «Dieu de la philosophie» et un Dieu «divin».

Pour le jeune Heidegger, alors «théo-*logien* chrétien»[64], comme il se qualifie lui-même, la «considération métaphysique» du monde, propre à la théologie de la gloire qui prétend saisir Dieu comme un objet, s'enracine dans l'«attitude théorétique», laquelle procède de l'orgueil qu'elle contribue à accroître (1 Co 8, 1).

Par un contre-mouvement *(Gegenbewegung)*, il faut inquiéter la quiétude de l'attitude théorétique figée dans sa «tendance sécurisante» en frappant de folie la «préconstruction reluisante» qu'est la conceptualité grecque *(griechische Begrifflichkeit)*, laquelle infeste et configure selon Heidegger non seulement toute la tradition théologico-philosophique, mais aussi l'autocompréhension de la vie quotidienne[65]. L'architecte de cette préconstruction *(Vorbau)* qui doit être soumise à démontage ou démantèlement *(Abbau)* n'est autre qu'Aristote, le «grand maître aveugle et païen»[66], maître d'œuvre d'une «ontologie du monde»[67], c'est-à-dire de cette «sagesse des sages» motivée par «l'amour du monde».

Nous pouvons comprendre, dès lors, que le *theôrein*, l'acte de «la partie la plus divine de nous-mêmes»[68], selon la formule d'Aristote, est conditionné par son paradigme qu'est l'idée d'un premier moteur immobile «extérieur à tout changement»[69], cet

63. Heidegger, *Die onto-theo-logische Verfassung der Metaphysik* (1957), p. 64-65.

64. *Cf.* Heidegger, Lettre à K. Löwith, 19/08/1921, *in* D. Papenfuss *et al.* (éd.), *Zur philosophischen Aktualität Martin Heideggers*, t. I, Klostermann, Frankfurt/M., 1991, p. 29.

65. *Cf.* Heidegger, GA 61, p. 120-121.

66. Luther, LO II, p. 142 (WA 6, p. 457).

67. Heidegger, *Einführung in die phänomenologische Forschung*, semestre d'hiver 1923/24, GA 17, p. 51-52 ; *Der Begriff der Zeit* (1924), in GA 64, p. 77, 101.

68. Aristote, *Éth. Nic.*, VII, 1177 a 16.

69. Aristote, *Phys.* VIII, 6, 258 b 15 ; VIII, 10, 267 b 5.

étant divin et suprême qui se pense lui-même hors de toute
« émotivité », de toute *Bewegtheit*. Et en tant que premier
moteur immobile, ce dieu aristotélicien, pur de toute mobilité
sublunaire, est diamétralement opposé au Dieu biblique caché
dans la passion et dans la croix, qui est « un Dieu d'amour »[70], le
« Dieu d'Abraham, d'Isaac et de Jacob » (Mt 22, 31-32), ce Dieu
qui ne peut qu'être « folie pour les païens ».

Pour Heidegger, dès 1922, selon le Rapport remis à P. Natorp,
la contestation du primat de la vie théorétique et la conceptualisation phénoménologique, synchrone, de la vie facticielle
en son inquiétude, bref de l'être-là (existant) humain contingent
et muable, c'est-à-dire historique, devra passer, dès lors, par une
destruction critique, c'est-à-dire transformatrice, des doctrines
aristotéliciennes du mouvement, du premier moteur immobile
et de l'antériorité de l'acte sur la puissance dans la *Physique* et la
Métaphysique, mais aussi par une destruction de l'*Éthique à
Nicomaque* et du *Traité de l'âme*[71]. L'exécution de ce vaste
programme s'étendra de 1922 jusqu'à *Être et Temps*, ce livre
virtuel sur Aristote qui donnera à penser la *Bewegtheit* comme
« énigme » de l'être[72].

REMARQUE SUR *AU LIEU DE SOI*

Dans le prolongement de ces analyses, nous aurions voulu
interroger la possibilité d'une lecture non métaphysique
d'Augustin à partir du premier Heidegger en adressant quelques
remarques à l'ouvrage de J.-L Marion, *Au lieu de soi* qui
revendique de lire et d'interpréter Augustin « sur un mode
résolument non métaphysique »[73]. Ainsi que l'a justement décrit
E. Falque, le « double rapport de Martin Heidegger et Jean-Luc
Marion à saint Augustin, et de Jean-Luc Marion à Martin

70. Pascal, *Pensées*, Br. 556.

71. *Cf.* principalement Heidegger, *Natorp-Bericht* (1922) ; GA 62 ; GA 18 ;
GA 19 ; GA 22.

72. *Cf.* Heidegger, *Sein und Zeit*, p. 392, 389.

73. J.-L. Marion, *Au lieu de soi. L'approche de saint Augustin*, Paris, PUF,
« Épiméthée », 2008, p. 10, 28.

Heidegger, constitue [...] le fond "méthodologique" de l'ouvrage »
et « ouvre sur une possible *"disputatio* théologique et phénoménologique" quant au sens et à l'usage de la philosophie patristique
et médiévale pour aujourd'hui [74] ».

Il ne peut être question d'entrer ici dans le détail de ce
double rapport ; bornons-nous à remarquer, de façon assez
générale, que les critiques parfois peu tendres à l'égard du jeune
Heidegger du cours de 1921 tiennent pour la plupart à ce que,
selon J.-L. Marion, Heidegger paraît raccrocher en dernière
instance les phénomènes analysés et trouvés chez Augustin à
l'horizon et à l'enjeu de la question de l'être [75], mais aussi, à ce
que Heidegger paraît « déthéologiser » Augustin en le coupant
de sa racine scripturaire.

Il faudrait ici s'engager dans de longues analyses, notamment
sur le problème de la *cura*, ou du soin, dont J.-L. Marion dit que
Heidegger en opère la neutralisation pour l'employer à la
Seinsfrage, en lui faisant ainsi perdre non seulement l'argument
augustinien, mais surtout l'horizon érotique propre à la *cura* et
même à la *Sorge* qui en procède plus tard, dans *Sein und Zeit* [76]. Il
faudrait montrer que, sous certaines conditions de lecture, cette
dimension érotique n'est pourtant pas totalement absente du
concept de *Sorge*, structurellement scindée en deux orientations
selon « l'amour du monde » et « l'amour de Dieu », c'est-à-dire,
dans les termes de l'analytique existentiale, selon le mode
mondain de l'égarement *(Verfallen)* et le mode philosophique de
la résolution anticipative comme réalisation de l'excellence
propre *(Eigentlichkeit)*.

Quoi qu'il en soit, J.-L. Marion nous paraît parfois assez
proche du premier Heidegger, beaucoup plus proche qu'il ne le
voudrait peut-être lui-même, et ce au moment où il le critique de
manière radicale. Il est vrai que sa lecture « postmétaphysique »,
menée avec les concepts opératoires de sa phénoménologie de
la donation, peut certainement, et rétrospectivement, contri-

---

74. *Cf.* E. Falque, « Le Haut Lieu du Soi : une *disputatio* théologique et
phénoménologique », in *Revue de métaphysique et de morale*, 63 (2009), p. 373-374.
75. J.-L. Marion, *Au lieu de soi*, p. 28, 213, 414.
76. *Cf.* J.-L. Marion, *Au lieu de soi*, p. 222 n. 1.

buer à mieux voir et dire certains phénomènes chez Heidegger, comme par anamorphose, sans oublier le fait, évident, que la dimension érotique paraît bien plus systématiquement développée dans la phénoménologie de la donation.

Or, curieusement, c'est plutôt le deuxième Heidegger qui nous semble être l'adversaire philosophique parfait de J.-L. Marion : ce n'est pas Heidegger I, qui exploite des sources bibliques ou patristiques, fût-ce sous l'égide de Luther, mais Heidegger II, qui, à partir de 1933 au moins, sur un mode « néopaïen » fort problématique, comme l'avait bien vu Levinas, prétend opposer massivement et parfois violemment, tant à Athènes qu'à Jérusalem, donc à la source gréco-judéo-chrétienne, une nouvelle source, germanique cette fois, dont le « testament » fondateur serait formé par le corpus des derniers hymnes de Hölderlin.

Mais, et c'est une question qu'on pourrait peut-être se poser, si on active les sources pauliniennes, augustiniennes et luthériennes, et plus généralement scripturaires dans le premier Heidegger (un réseau qui se trouve simultanément affiné et consolidé par des schèmes aristotéliciens), pourquoi ne serait-il pas possible de faire une lecture non métaphysique, c'est-à-dire désolidarisée de l'enjeu de la question de l'être, en revenant par exemple à la notion de « vie facticielle » comme *vita humana*, en deçà de la notion de *Dasein* qui s'enquiert de son être ?

Autrement dit, si on déontologise et déconstruit Heidegger en activant les sources bibliques, l'Augustin de Heidegger pourrait peut-être également permettre l'esquisse concrète d'une figure postmétaphysique du sujet ; car aussi bien J.-L. Marion que le premier Heidegger, et compte tenu de leurs différences, considèrent la Bible, ou la théologie de l'écriture, comme une alternative à la métaphysique, comme l'autre de la métaphysique grecque. Nous espérons que le bref exposé sur le cours de 1921-1922, malgré ses raccourcis, aura quelque peu indiqué cette possible ressource.

NOTE SUR L'USAGE DE *SUBSTANTIA* PAR SAINT AUGUSTIN ET SUR SON APPARTENANCE À L'HISTOIRE DE LA MÉTAPHYSIQUE

JEAN-LUC MARION

I.

L'emploi de *substantia* par saint Augustin a suscité un débat multiple. Non qu'il y ait eu débat sur le rôle qu'il a joué dans l'introduction de ce terme, à l'époque en concurrence avec *essentia,* pour traduire οὐσία[1]. Il s'est plutôt agi de mesurer si le « large usage qui est fait de ce terme tout au long de la carrière de saint Augustin[2] » établit sa théologie comme un tournant dans l'histoire de la métaphysique ; ou plus précisément s'il fait accomplir à la théologie chrétienne un tournant décisif vers la métaphysique, c'est-à-dire dans le destin de la philosophie occidentale. C'est en effet une tendance assez générale, depuis un siècle, d'interpréter le recours du *De Trinitate* (et d'autres textes) à *substantia* soit comme un signe d'inclusion de sa théologie dans le cadre (grec) de la métaphysique, soit comme

---

1. Voir les travaux surtout de C. Arpe, « Substantia », *Philologus. Zeitschrift für das klassischen Alterturm,* 1940, J. de Gellinck, « L'entrée d'*essentia, substantia* et autres mots apparentés dans le latin médiéval », *Bulletin du Cange. Archivum latinitatis medii aevi,* 1942, É. Gilson, « Notes sur le vocabulaire de l'être » *Medieval Studies,* 1948 (repris dans *L'Être et l'Essence,* Paris, 1962², p. 336 *sq.*) et J.-F. Courtine, « Les traductions latines d'*Ousia* et la compréhension romano-stoïcienne de l'être », *in* P. Aubenque (éd.), *Concepts et catégories dans la pensée antique,* Paris, 1980 (repris dans *Les Catégories de l'être. Études de philosophie ancienne et médiévale,* Paris, 2003, p. 12 *sq.*).

2. V. Giraud, dans sa recension de notre ouvrage récent, *Au lieu de soi. L'approche de saint Augustin,* Paris, 2008[1 & 2], parue dans *Philosophie,* n° 104, Paris, 2009, p. 94.

une perte des acquis de la théologie des Pères (grecs eux aussi), soit les deux à la fois (sans crainte, on le remarquera, d'une grande imprécision sur ce qu'il faut entendre par « grec »). À partir d'une lecture sans doute fautive des travaux de Régnon, maints théologiens (de V. Lossky à K. Rahner, sans compter tous leurs multiples épigones)[3] ont cru pouvoir reprocher à saint Augustin d'avoir abandonné ou compromis la lecture de la Trinité suivant l'« économie » (à partir de l'origine, le Père, passant au Fils et à l'Esprit dans le déploiement aussi bien de l'automanifestation de Dieu que de la sotériologie), au profit d'une assomption abstraite de l'unité divine, uniquement articulée ensuite en trois pôles, qu'aucune logique théologique ne vient vraiment justifier, mais que menace une sorte de modalisme. Plus récemment, ce reproche d'abord restreint à la doctrine trinitaire s'est élargi : saint Augustin aurait compromis la théologie chrétienne avec la métaphysique, au sens où sa « constitution » se manifeste aujourd'hui dans sa nécessaire « destruction ». Sans aucune précaution textuelle, J. O'Leary a pu ainsi écrire que « la notion de substance divine sert à fonctionner comme une idole, c'est-à-dire qu'elle sert à hypostasier un arrêt de la visée transcendante de la foi »[4]. À sa suite, E. Falque a tenté de montrer que les emplois de *substantia* aboutissent, en fin de compte, à faire céder le *De Trinitate* tout entier, et avec lui la théologie latine, « ... sous le poids de la métaphysique »[5].

3. Sur cette question, comme sur bien d'autres, le dossier a été très précisément dressé par R. Kany, *Augustins Trinitätsdenken,* Tübingen, 2007, en particulier pour ce point aux chapitres IX et X.

4. J. O'Leary, « Dieu-esprit et Dieu-substance chez saint Augustin », *Recherches de science religieuse,* 69/3, 1981, qui s'autorise, pour cette critique radicale de saint Augustin, de notre travail « Heidegger et la double idolâtrie », *in* R. Kearney & J. O'Leary (éd.), *Heidegger et la question de Dieu,* Grasset, Paris, 1980[1], puis Paris, PUF, 2010[2], avec une préface de J.-Y. Lacoste (texte repris depuis dans *Dieu sans l'être,* Paris, 1982[1], chap. I).

5. E. Falque, *Dieu, la chair et l'autre,* Paris, 2008, p. 78, tirant argument de cette « pesanteur de la substance » pour inclure saint Augustin dans l'histoire de la métaphysique au sens de Heidegger (p. 61 *sq.*). Cette analyse, qui tend à opposer une résistance à la *substantia* dans le livre V, et une soumission au livre VII, a été critiquée par L. Gioia, *The Theological Epistemology of Augustine's De Trinitate,* Oxford, 2003, p. 160, n. 53.

Nous avons ailleurs tenté de lire au contraire saint Augustin comme un penseur assez prémétaphysique pour jouer, aujourd'hui, le rôle d'un penseur postmétaphysique[6]. Dans ce contexte, l'un des tests les plus décisifs se trouve dans les usages récurrents de *substantia* chez saint Augustin : n'attestent-ils pas tout au contraire un tournant métaphysique de la théologie chrétienne, à tout le moins une compromission patente ? Pourtant, il se pourrait que ces occurrences, pour incontestables et significatives qu'elles restent, ne suffisent pas à décider si leurs usages pour traduire οὐσία (au reste en concurrence avec *essentia*) relèvent de quelque métaphysique que ce soit. Il se pourrait en revanche que l'instabilité de leurs *deux* usages (car il y en bien deux, fort différents) prouve au contraire que le terme n'a pas *encore* chez saint Augustin le statut et la stabilité métaphysiques qu'il n'acquerra sans doute qu'à partir de Boèce[7]. Sans prétendre procéder à l'étude systématique de tous ces usages, qui permettrait seule de répondre sérieusement à la question, nous n'ambitionnons dans cette note qu'à *compliquer* toute solution trop simple et rapide.

II.

Il faut d'abord considérer les formules qui semblent fixer une définition de *substantia*. De fait, elles paraissent autoriser deux thèses augustiniennes qui pourraient impliquer une doctrine métaphysique. – D'abord, être, pour une chose, signifie être substance, puisque, inversement, ce qui n'a pas de substance n'est simplement pas : « Nam quod nulla substantia est, nihil omnino est. Substantia ergo aliquid esse est » (*Enarratio in psalmos,*

---

6. Un de nos arguments adjacents tenait au sens non ontologique du terme *idipsum,* inventé par saint Augustin pour tenir le rôle de nom (strictement déictique) de Dieu, en sens non ontologique qui rend impossible sa relecture néothomiste, pourtant si répandue, à partir de l'*ipsum esse* (voir *Au lieu de soi. L'approche de saint Augustin, op. cit.,* en particulier le chapitre VII, « *Idipsum* ou le nom de Dieu »).

7. Ce que semble suggérer J.-F. Courtine, parlant d'un « renversement capital » dans l'entente augustinienne d'*essentia* et de *substantia* (*op. cit.,* p. 49 *sq.*).

68, 1, 5 ; PL 36, 844). D'où suit qu'on ne peut pas connaître une chose, sinon par sa substance : « Nullo modo autem recte dicitur sciri aliqua res, dum ejus ignoratur substantia » (*De Trinitate*, X, x, 16). Pourtant, il faut remarquer que cette thèse ne définit pas proprement la *substantia,* mais en assume le titre pour déterminer ce qu'une *res* ou un *id quod* est ; donc *substantia* y reste comme telle parfaitement indéterminée. Elle ne peut donc servir de point de départ. – Ensuite, la totalité des étants, donc la totalité du créé mais aussi bien le créateur, se définit par la substantialité : « Omnis igitur substantia aut Deus, aut ex Deo, quia omne bonum aut Deus, aut ex Deo. – Toute substance est donc soit Dieu, soit de Dieu, parce que tout bien est soit Dieu, soit de Dieu » (*De libero arbitrio,* III, xiii, 36)[8]. Ou bien : « Omnis enim substantia, quae Deus non est, creatura est ; et ea quae creatura non est, Deus est. – En effet, toute substance qui n'est pas Dieu est créature ; et celle qui n'est pas créature est Dieu » (*De Trinitate,* I, vi, 9). Ainsi, précisément parce que connaître une chose implique de la connaître à titre de substance, la substance offre l'horizon univoque de toute étantité, univocité pourtant formelle, puisque *substantia* n'a pas de définition précise. Du moins cette thèse abstraite permet-elle de distinguer deux questions et pas seulement une : d'abord, celle de savoir si et comment Dieu se dit une substance ; ensuite, celle de savoir si et comment la créature se dit une substance – cette seconde interrogation se trouvant, dans la plupart des études, omise ou négligée.

III.

Dieu peut-il se dire comme *substantia* ? – Sans doute Dieu a-t-il rang de substance, et radicalement, par comparaison avec ce qui n'est pas du tout, le mal : « Sic non est substantia peccatum, sed substantia est Deus, summaque substantia, et

8. Voir : « Si omni bono privabuntur [*sc.* res], omnino nulla erunt ; ergo quamdiu sunt, bona sunt. Ergo quaecumque sunt, bona sunt, malumque illud, quod quaerebam unde esset, non est substantia, quia, si substantiam esset, bonum esset » (*Confessiones,* VII, xii, 19).

solus verus rationalis creaturae cibus. – Ainsi, le péché n'est pas substance, mais Dieu est substance, et substance suprême, seule vraie nourriture de la créature rationnelle » (*De natura et gratia* XX, 22 ; PL 44, 257), en réfutation de l'opinion manichéenne d'une « certaine substance du mal » (*mali substantia quaedam, Confessiones,* V, 10, 20). Mais l'équivalence, d'ailleurs fréquente, de *substantia* avec, par exemple, *natura* ne permet pas d'en fixer le sens exact : « ... je ne sais quelle substance et nature du mal suprême » (*nescio quam substantiam et naturam summe mali, Confessiones* IV, 15, 24)[9]. Pas plus d'ailleurs que l'équivalence entre *substantia* et *essentia* :

> « Itaque [...] vocamus essentiam, quam plerumque substantiam etiam nominamus.
>
> – Ainsi [...] nous nommons essence ce que la plupart du temps nous nommons aussi substance » (*De moribus manichaeorum,* II, 2)[10].

Cette indétermination va même jusqu'à admettre, en un sens dérivé, le corps comme un des équivalents possibles de *substantia* :

> « ... non est opus certari de nomine : si corpus est omnis substantia vel essentia, vel si quid aptius nuncupatur id aliquo modo est in seipso, corpus est anima.
>
> – ... il n'est pas besoin de discuter des mots : si est corps toute substance ou essence, ou que nous l'appelions plus exactement de quelque autre manière que ce soit, l'âme est un corps » (*Epistula* 166, 4 ; PL 33, 722)[11].

---

9. Ou : « Vos autem asseritis quamdam naturam atque substantiam malum esse » (*De moribus manichaeorum,* II, 2). Et : « ... omnium naturarum atque substantiarum esse auctorem Deum... » (*De moribus manichaeorum,* II, 3). Et encore : « Nulla est natura [...] et omnino nulla substantia... » (*Epistula 11,* 3, PL 33, 76).

10. Voir : « ... unius ejusdemque substantiae vel essentiae... » (*De Trinitate,* I, 11, 4), ou : « Ipsa enim natura, vel substantia, vel essentia, vel quolibet alio nomine appelandum est idipsum quod Deus est, quidquid illud est, corporaliter videri non potest » (*De Trinitate,* II, xviii, 35). L'indétermination ontique de Dieu renforce l'équivalence des termes, tous inadéquats, non pour cela même tous acceptables.

11. Au point que l'hérésie, quand elle use du terme même pour le mal, en manifeste au maximum l'imprécision « ... malum [...] quod mihi nescienti non

Une telle imprécision du terme laisse supposer quelque impropriété à l'appliquer à Dieu.

Aussi bien saint Augustin ne maintient-il justement pas *substantia* comme un concept adéquat pour désigner Dieu, mais lui préfère-t-il, malgré sa nouveauté, le quasi-néologisme d'*essentia* :

> « Inseparabiliter sunt unius ejusdem substantiae vel (si hoc *melius* dicitur) essentiae. Nam nonnulli nostri et maxime graeci Trinitatem quae Deus est *magis* essentiam quam unam substantiam esse dixerunt ; aliquid inter haec duo nomina interesse arbitrantes vel intelligentes.
>
> – Ils sont inséparablement de la même substance ou (pour *mieux* dire) de la même essence. En effet certains des nôtres et surtout les Grecs ont dit que la Trinité qu'est Dieu est *plutôt* une essence qu'une substance, trouvant ou comprenant qu'il se trouve quelque différence entre ces deux noms » (*Epistula 120,* 17, p. L. 33, 460).

Ou encore : « Est tamen sine dubitatione substantia, vel *sive melius* hoc appellatur, essentia. – Dieu, sans aucun doute, se nomme substance ou, *pour mieux le dire,* essence » (*De Trinitate,* V, 11, 3). Finalement *essentia* remplace bel et bien *substantia* quand il s'agit de Dieu comme Trinité :

> « Itaque ut nos *jam* novo nomine ab eo quod est esse, vocamus essentiam, quam plerumque substantiam etiam nominamus : ita veteres qui haec nomina non habebant, pro essentia et substantia naturam vocabunt.
>
> – Aussi bien, nous servant *désormais* d'un nouveau terme tiré de ce que c'est d'être, nous nommons essence ce que la plupart du temps nous nommons aussi substance : tout comme les anciens, qui n'avaient pas ces mots, disaient nature pour essence et substance » (*De moribus manichaeorum,* II, 2).

Et, plus nettement encore :

> « Cum enim Deus summa essentia sit, hoc est summe sit et ideo immutabilis sit, rebus quas ex nihilo creavit, esse dedit, sed non summe esse sicut ipse est ; et aliis dedit esse amplius, aliis minus ; atque ita naturas essentiarum gradibus ordinavit. [...] ab eo quod

solum aliquam substantiam, sed etiam corporea videbatur... » (*Confessiones* V, x, 20).

est esse, vocatur essentia : *novo quidem nomine,* quo usi veteres non sunt latini sermonis auctores, sed jam nostris temporibus usitato, ne deesset etiam linguae nostrae quod Graeci appellant οὐσία. Hoc enim verbum e verbo expressum est, ut diceretur essentia.

– Car, comme Dieu est l'essence suprême, c'est-à-dire est suprêmement et donc immuablement, il a donné d'être aux choses qu'il créa du néant, mais non pas l'être suprême comme Il est, lui : à certains il a donné d'être plus, à d'autres moins ; ainsi a-t-il ordonné des natures selon les degrés de leurs essences (ainsi, de même que de *sapere* on a tiré *sapientia,* de même a-t-on tiré de ce qui est *être* [le mot] *essentia :* mot certes nouveau, inusité des anciens auteurs latins, mais employé de nos jours, afin que ne fasse pas défaut à notre langue ce que les Grecs nomment οὐσία. Car cela traduit mot à mot *essentia* » (*De civitate Dei,* XII, 11) [12].

Ainsi s'impose une nouvelle question : non plus celle des emplois de *substantia,* mais au contraire celle de savoir pour quelle raison, qu'on imagine contraignante, le *De Trinitate,* qui s'ouvrait sur la déclaration d'une *incommutabilis substantia quae est Deus* (I, 1, 1), finit, et si vite, par récuser l'usage de *substantia* (dite *abusive,* abusivement, de Dieu en VII, v, 10) au profit d'*essentia* pour exposer la logique trinitaire – « ... substantia, *vel si melius hoc appelatur,* essentia –... substance, ou, pour le dire mieux, essence ? » (II, 2, 3) ?

Pour une raison certes très forte : Dieu, en vertu de son immutabilité, ne tolère pas d'accident :

« Nihil itaque accidens in Deo, quia nihil mutabile aut amissibile.

– Rien n'est en effet accident en Dieu, parce que rien n'y est muable ou amissible » (*De Trinitate,* V, IV, 5).

Car la possibilité de l'accident tient à la fonction de substrat de la substance, comme celle de l'attribut tient à son rôle de sujet de prédication. Donc, puisqu'il ne doit y avoir en Dieu ni accidents d'un substrat, ni attributs prédiqués d'un sujet, il faut renoncer à lui appliquer le terme de *substantia.*

12. Voir « ... sola est incommutabilis substantia vel essentia qui Deus est » (*De Trinitate,* V, 11, 3 et VII, IV, 7 ou VII, IV, 8).

« Manifestum est igitur Deum *abusive* substantiam vocari [...] ; ita ut fortasse solum Deum dici oporteat essentiam.

– Il est donc manifeste que Dieu est appelé *abusivement* substance [...] ; ainsi peut-être convient-il de ne le dire que comme essence » (*De Trinitate,* VII, v, 10),

et ce en conséquence directe de l'inapplicabilité de l'accident et de l'attribution à Dieu :

« Est [*sc.* Deus] tamen sine dubitatione substantia, vel, si *melius* hoc appellatur, essentia, quem Graeci οὐσίαν vocant. Sicut enim ab eo quod est sapere, dicta est sapientia, et ab eo quod est scire dicta est scientia, ita ab eo quod est esse dicta est essentia. [...] Sed aliae quae dicuntur essentiae sive substantiae capiunt accidentia, quibus in eis fiat vel magna vel quantacumque mutatio : Deo autem aliquid ejusmodi accidere non potest ; et ideo sola est incommutabilis substantia vel essentia, qui Deus est, cui profectio ipsum esse, unde essentia nominata est, maxime et verissime competit.

– Sans aucun doute, Dieu est substance, ou, *pour mieux le nommer,* essence, ce que les Grecs appellent οὐσίαν. Car ainsi que de *sapere* on tire *sapientia,* de *scire* on tire *scientia,* ainsi de ce qui est dit être, *esse,* tire-t-on essence, *essentia* [...] Mais les autres choses appelées essence ou substance admettent des accidents, par lesquels leur advient un grand et notable changement ; or rien de semblable ne peut arriver à Dieu ; et par suite ne se trouve-t-il qu'une seule substance ou essence immuable, qui est Dieu, Dieu à qui revient par conséquent le plus et en toute vérité l'être même à partir duquel on tire le titre d'essence » (*De Trinitate,* V, 11, 3).

Autrement dit, en Dieu comme unité des trois, il vaudrait mieux dire que rien n'arrive accidentellement, ni ne s'attribue comme à un sujet, donc que, par contraste, tout est en lui substance ; c'est-à-dire qu'il ne s'agit avec Dieu en fait *jamais* d'une *substantia* au sens logique (attribut), ni au sens ontique (accident) :

« ... in Dei substantia, non esse aliquid tale, quasi aliud ibi sit substantia, aliud quod accidat substantiae et non sit substantia ; sed quidquid ibi intelligi potest, substantia est.

– ... dans la substance de Dieu, il n'y a rien de tel, que quelque chose soit ici substance, et que quelque chose d'autre arrive comme un accident et ne soit pas substance ; mais tout ce qu'on peut y comprendre est substance » (*De fide et symbolo,* IX, 20).

Tout ce qui est en Dieu est Dieu même. Le meilleur exemple vient ici de la charité :

« Spiritus ergo sanctus commune aliquid est Patris et Filii, quidquid illud est. At ipsa communio consubstantialis et coaeterna, quae si amicitia convenienter dici potest, dicatur ; sed aptius dicitur charitas. Et haec quoque substantia, quia Deus substantia et *Deus charitas,* sicut scriptum est. [...] Et ideo non amplius quam tria sunt : unus diligens eum qui de illo est, et unus diligens eum de quo est ipsa dilectio. Quae si nihil est, quomodo *Deus dilectio est ?* Si non est substantia, quomodo Deus substantia ?

– L'Esprit saint, quoi qu'il soit, est donc quelque chose de commun au Père et au Fils. Mais cette communion est consubstantielle et coéternelle (et, si elle peut se dire convenablement une amitié, qu'on l'appelle ainsi ; mais il est meilleur de l'appeler charité). Or elle aussi est substance, parce que Dieu est substance et *Dieu est charité,* selon ce qui est écrit. [...] Et ils ne sont pas plus que trois : un qui aime celui qui est de lui, et un qui aime celui dont est l'amour lui-même. Mais si ce dernier n'est rien, comment *Dieu est-il amour,* S'il n'est pas substance, comment Dieu est-il substance ? » *(De Trinitate,* VI, v, 7) [13].

Il est clair que Dieu est amour sans accidentalité, ni attribution ajoutée. Mais est tout autant clair que Dieu est aussi essentiellement charité (Esprit) qu'il est Père et Fils. Il faut donc qu'*ici Dieu est charité* ne s'entende *pas* substance au sens métaphysique d'un sujet d'attribution, ni d'un substrat d'accident, justement parce que la charité ne se dit de Dieu ni comme l'un, ni comme l'autre, parce que Dieu lui-même ne la reçoit pas comme sujet, ni comme substrat. Donc pas non plus comme

---

13. Même argument en *De Trinitate,* VII, v, 10 : « Deus autem si subsistit ut substantia *proprie* dici possit, inest in eo aliquid tanquam *in subjecto,* et non est simplex, cui hoc sit esse quod illi est quidquid aliud de illo ad illum dicitur, sicut magnus, omnipotens, bonus, et si quid hujusmodi de Deo non incongrue dicitur : *nefas* est autem dicere ut subsistat et *subsit Deus bonitati* suae, atque illa bonitas non substantia sit vel potius essentia, neque ipse Deus sit bonitas sua, sed in illo sit tanquam *in subjecto* ; unde manifestum est Deum *abusive* substantiam vocari, ut nomine usitatiore intelligatur essentia, quod vere ac proprie dicitur. » Dieu n'est pas sujet, et pour ne l'être pas, il ne doit même pas être dit substance, terme qui ne vaut strictement que de ce qui admet des accidents.

substance au sens métaphysique, au sens des «... Aristotelica quaedam quae appellant decem categorias... » (*Confessiones* IV, XVI, 28).

Ce qui impose finalement le plus nettement une redéfinition non métaphysique de la *substantia* se trouve donc dans le statut essentiel, éternel et nécessaire de la charité en Dieu, de la charité *comme* Dieu. Si *substantia* demeure, au-delà de son acception de substrat et de sujet, elle le doit aux exigences d'une théologie non pas de l'*esse*, mais de la *caritas*.

Et c'est précisément aussi parce que la Trinité échappe à la substantialité au sens métaphysique que saint Augustin peut inventer un mode de nomination de Dieu, qui ne soit *ni substantiel, ni accidentel*, mais relationnel :

« Quamobrem nihil in eo secundum accidens dicitur, quia nihil ei accidit ; nec tamen omne quod dicitur secundum substantiam dicitur. [...] In Deo autem nihil quidem secundum accidens dicitur, quia nihil in eo mutabile est ; nec tamen omne quod dicitur secundum substantiam dicitur. Dicitur enim ad aliquid, sicut Pater ad Filium.

– Donc, en Dieu, rien ne se dit selon l'accident, parce que rien ne lui arrive par accident ; car tout ce qui se dit ne se dit pas en effet selon la substance. [...] En Dieu, en effet, rien ne se dit selon l'accident, parce que rien n'est en lui muable ; et en effet tout ce qui se dit ne se dit pas selon la substance. Car cela se dit en relation à..., comme le Père en relation au Fils » (*De Trinitate*, V, V, 6).

Se dire selon la relation (ou plus exactement selon le relatif) ne devient possible pour Dieu que parce qu'il ne tombe pas en général sous le coup de la dichotomie substance/accident (au contraire de ce que pensaient les ariens, stricts métaphysiciens) ; donc que parce qu'il échappe à l'entente métaphysique de l'οὐσία comme *substantia*. Si Dieu se disait selon la substance, il ne pourrait pas se dire relativement, mais seulement accidentellement ou identiquement, donc pas trinitairement : « Nam *si* hoc est Deo esse quod subsistere, *ita non* dicendae tres *substantiae,* ut non dicuntur tres essentiae. – Car *si,* pour Dieu, être est subsister, *alors* il ne faut pas dire trois *substances,* afin de ne pas en arriver à dire trois essences » (*De Trinitate,* VII, IV, 9).

On ne peut le dire plus clairement [14]. Cette exclusion de *substantia* intervient, remarquons-le, exactement au livre VII, là où l'on croyait bien imprudemment le voir « ... céder sous le poids de la métaphysique ».

Concluons sur la première question : Dieu, par rapport à lui-même, ne saurait se dire une *substantia,* au sens strict du moins d'un substrat d'accidents et d'un sujet pour la prédication d'attributs. En particulier, la théologie trinitaire doit faire usage du terme avec la plus grande prudence et devrait même s'en dispenser (par exemple, au profit d'*essentia*). Bref, *substantia* apparaît à saint Augustin aussi problématique que *persona* [15]. Cette réserve, en fait double, marque un pas en dehors de l'usage métaphysique des deux termes, qui ne s'établira (s'il s'établit au sens *métaphysique*) qu'après saint Augustin.

14. Car, bien entendu, en bonne logique aristotélicienne, l'οὐσία n'a rien de relatif (« Absurdum est autem ut substantia relative dicatur : omnis enim res ad se ipsam subsistit ; quanto magis Deus? » *(ibid.).* Donc, pour que Dieu se dise *ad relativum,* tout en gardant rang de *res* qui est, il faut qu'il outrepasse l'opposition entre l'οὐσία et le πρός τι, donc se défasse de la *substantia* au sens strict. Voir L. Gioa : « ... inadequacy of the vocabulary of substance » *(op. cit.,* p. 152 et 157), et Gilson, *Introduction à l'étude de saint Augustin,* Paris, 1942², p. 287. R. Kany remarque justement que les anoméens critiquaient le Symbole de Nicée précisément parce que la *substantia* impliquait toujours *pour eux* l'accident, sans voir aussi la possibilité du *ad relativum (op. cit.,* p. 498). Ce à quoi se réduit l'argument de M. Durrant pour soutenir la prétendue « absurdité nécessaire » de saint Augustin *(Theology and Intelligibility,* Londres, 1973, p. 125).

15. On n'insiste pas assez sur un paradoxe pourtant évident : saint Augustin émet un doute sur (en fait, il disqualifie franchement) les *deux* concepts principaux de la formule conciliaire en principe normative, *una substantia, tres personae.* En effet la récusation de *substantia* fait écho, plus discrètement, à la bien connue mise en cause de la *persona* (« Dictum est tamen tres personae, non ut illud diceretur, sed ne taceretur », *De Trinitate* V, IX, 10 ; voir VII, IV, 7 ; VII, VI, II ; VII, V, 12. Voir L. Gioa, *op. cit.,* p. 154-155 ; R. Boigelot, « Le mot *persona* dans les écrits trinitaires de saint Augustin », *Nouvelle Revue théologique,* 1930/1 ; et surtout R. Cross, « *Quid tres ?* On what Precisely Augustine professes not to Understand in *De T. 5* and *7* », *Havard Theological Review,* 100, 2007 (à savoir que *persona* reste un nom substantiel, qui couvre au-delà de Dieu même, l'homme, et donc ne convient pas à la Trinité comme telle : « Nam persona generale nomen est, in tantum etiam homo possit hoc dici, cum tantum intersit inter hominum et Deum » – *De Trinitate,* VII, IV, 7).

III. La créature peut-elle se dire comme *SUBSTANTIA* ?

Reste la deuxième question, habituellement passée sous silence par les commentateurs, le plus souvent focalisés sur le vocabulaire trinitaire, à tort, comme on va le voir.

Apparemment, l'univocité formelle de *substantia* se confirme au point que même les choses muables mériteraient le titre de *substantia* : « Res ergo mutabiles neque simplices, proprie dicuntur substantiae. – Car les choses muables et non simples sont dites proprement des substances » (*De Trinitate,* VII, v, 10) [16]. Il se trouve même un texte majeur en faveur, semble-t-il, d'une lecture métaphysique de l'étant créé comme *substantia* chez saint Augustin ; ce texte commence par une détermination de Dieu.

> « Aeternitas ipsa Dei substantia est, quia nihil habet mutabile. Ibi nihil est praeteritum, quasi jam non sit ; nihil est futurum, quasi nondum sit. Non est ibi nisi : est ; non est ibi : Fuit et Erit, quia et quod fuit, jam non est, et quod erit, nondum est ; sed quidquid ibi est, non nisi est.
>
> – L'éternité est la substance même de Dieu, parce qu'il n'a rien de muable. Ici rien n'est passé, comme n'étant plus ; rien n'est à venir, comme n'étant pas encore. Ici, il n'est que *c'est* ; ici pas de *était* ni de *sera,* parce que ce qui était n'est déjà plus, et ce qui sera n'est pas encore ; mais, ici, tout ce qui est et quoi que ce soit, n'est rien qu'être [17]. »

En fait il s'agit ici d'une acception très particulière de la *substantia* : elle n'indique pas que Dieu *est* à titre de *substantia* (donc d'étant éventuellement suprême), mais qu'il ne connaît que l'éternité, ignore la mutabilité et donc se maintient et demeure *(subsistit)* selon la seule l'éternité : *substantia* signifie ici l'éternité, la non-mutabilité de Dieu. Plus que son mode d'être,

---

16. Remarquons pourtant qu'*ici* (le texte continue : « Unde manifestum est Deum abusive substantiam vocari », *ibid.*) une telle possibilité (les étants muables comme des *substantiae*) joue *contre* l'usage de ce concept à propos de Dieu : comme *persona* il reste trop imprécis et trop large pour ce dont il s'agit.

17. *Enarratio in Psalmos,* 101, 11, 10, PL 37, col. 1310-11, corrigé selon C.C., t. 40, Turnhout, 1990, p. 1445. Ce texte est invoqué par V. Giraud *(loc. cit.)* contre la lecture que j'en donne dans *Au lieu de soi, op. cit.,* p. 411 sq.

elle indique son mode de (non-)temporalité – à supposer bien sûr que l'un puisse se distinguer de l'autre.

C'est ce que confirme, entre autres, un autre texte :

> « Utrum autem aliqua natura, hoc est substantia prorsus ad nihilum redigatur, disputatio subtilissima est. Sed fides veracissima Deo cantat "Mutabis eas et mutabuntur, tu autem idem ipse es" (Ps. 101, 27-28). Nec fecit igitur, nec regit mutabilia bona, nisi immutabile bonum, quod est Deus. Porro bona mutabilia propterea bona sunt, quoniam a summo bono facta sunt ; propterea mutabilia, qui non de ipso, sed de nihilo facta sunt.

> – Quant à savoir si une nature quelconque ou substance se réduit absolument au néant, c'est une question très subtile. Mais la foi très vérace chante : " Tu les changes et elles sont changées, mais toi, tu restes le même." Donc personne n'a fait, ni ne dirige les choses muables bonnes, sinon le bien immuable, c'est-à-dire Dieu. Car les choses muables sont bonnes parce qu'elles sont faites par le bien suprême ; et elles sont muables, parce qu'elles ne sont pas faites de lui, mais du néant » (*Contra adversarium legis et prophetarum*, VI, 8) [18].

Ici encore, *substantia* ne vaut proprement de Dieu, que parce que Dieu seul s'avère *immutabilis (immutabile bonum)*. La césure passe toujours entre l'immuable (seule et unique *substantia* parce que seul *substans*) et les muables créés et donc non substantiels au sens de la stance permanente. Clairement, *substantia* indique d'abord et sans doute seulement ce qui a la propriété de

---

18. Sur cette permanence, voir : « Quod summe et maxime esse dicitur, *permanendo* in se dicitur » (*De moribus manichaeorum*, II, VI, 8) et la triade *exire/redire/manere* dans *Soliloquia*, I, 1, 3. Voir : « Nulla est natura, Nebridi, et omnino nulla substantia quae non in se habeat haec tria et per se gerat : primo ut sit [causa naturae], deinde ut hoc vel illud sit [species], tertio ut *in eo quod est manet*, quantum potest. – Il n'est aucune nature, Nebridius, et absolument aucune substance qui n'ait pas et ne porte pas en soi ces trois choses : d'abord d'être [cause de sa nature], ensuite d'être ceci ou cela [son espèce], enfin *de rester dans ce qu'elle est* autant qu'elle le peut » (*Epistula* 11, 3). S'agit-il d'une anticipation du *conatus in suo esse perseverandi ?* Sans doute pas, puisque, précisément, l'étant créé ne dispose *pas* de son étantité et donc ne peut y persévérer comme en soi, mais seulement comme en un autre que soi : « noverimus tamen perire ista, Deum manere. Et si manent quaedam cum Deo, quae facta sunt a Deo, non manent in se, sed in Deo, non recedendo a Deo » (*Enarratio in Psalmos*, 101, II, 13). Bonnes remarques de R. Kany, *op. cit.*, p. 416.

l'*incommutabilitas* [19], au point qu'un des textes les plus célèbres sur l'*incommutabilitas* en fait un nom divin sans plus passer par la *substantia :* « Esse est nomen incommutabilitatis. – L'être est le nom de l'immutabilité » (*Sermo* VII, 7). Et la substantialité se confond avec elle au point d'y disparaître [20].

En fait, *substantia* définit moins Dieu qu'elle ne stigmatise par contraste le créé, où elle brille par son absence, puisqu'il reste essentiellement marqué par la mutabilité : la *substantia* ne désigne pas tant positivement le mode d'être de Dieu que, d'abord et négativement, ce que le créé n'est pas, immuable ; ainsi, poursuit l'*Enarratio in Psalmos,* 101, 11, 10 :

> « *Ego sum.* Quis ? *Qui sum.* Hoc est nomen tuum ? Hoc est totum quod vocaris ? Esset tibi nomen ipsum esse, nisi quidquid est aliud, tibi comparatum, inveniretur non esse vere ? Hoc est nomen tuum [...]. *Qui est misit me ad vos. Ego sum qui sum : qui est misit me ad vos.* Magnum ecce *Est,* magnum *Est !* Ad hoc homo quid est ? Ad illum tam magnum *Est,* homo quid est, quidquid est ? Quis aspiret ? Quis apprehendat illud esse ? Quis ejus est particeps ? Quis anhelet ? Quis ibi se esse posse praesumet ?
>
> – *Je suis.* Quel ? *Celui qui est.* Est-ce là ton nom ? Est-ce ainsi que tu t'appelles ? L'être même serait-il ton nom, si, par comparaison avec toi, toute autre chose n'était tout simplement pas ? Tel est bien ton nom. [...] *Celui qui est m'a envoyé vers vous. Je suis qui je suis : celui*

19. De même : « Quod profecto posset [il s'agit de l'Esprit saint, qui peut *permanere incommutabilis*], nisi Dei naturae esset ac ipsius *substantiae,* cui soli *incommutabilitas* atque, ut ita dicam, inconvertibilitas semper est » (*De moribus Ecclesiae catholicae,* I, XIII, 23). Maints autres textes confirment que *substantia* indique d'abord l'immutabilité : « Cum enim Deus summe essentia sit, hoc est summe sit et ideo immutabilis sit, rebus quas ex nihilo creavit, esse dedit, sed non summe esse sicut ipse est ; et aliis dedit esse amplius, aliis minus ; atque ita naturas essentiarum gradibus ordinavit » (*De civitate Dei,* XII, 11). Ou : « In Deo autem nihil quidem secundum accidens dicitur, quia nihil in eo mutabile est ; nec tamen omne quod dicitur, secundum substantiam dicitur » (*De Trinitate* V, v, 6).

20. Même omission de *substantia,* rendue inutile par l'immutabilité : « Non est ergo malum nisi privatio boni. Ac per hoc nusquam est nisi in re aliqua bona ; et si non summe bona, quoniam summe bona *incorruptibilis et immutabilis* perseverat ut Deus est ; non tamen nisi in bona, quoniam non nocet, nisi minuendo quod bonum est » (*Contra adversarium legis et prophetarum,* V, VII).

qui est m'a envoyé vers vous. Il est grand cet *est,* il est grand !
Rapporté à lui, qu'est-ce que l'homme ? rapporté à un si grand *est,*
qu'est-ce que l'homme, quoi qu'il soit ? Qui y aspirerait ? Qui
appréhende cela ? Qui y a part ? Qui n'y perd son souffle ? Qui
prétendrait y pouvoir être ? » *(ibid.).*

Par comparaison avec l'immutabilité divine, donc à son *Est,*
l'homme n'est pour ainsi dire pas, justement parce qu'il est
selon la mutabilité. D'où la conclusion du texte : « Quis se esse
posse praesumat ? » (PL 37, 1311). Autrement dit, ce qui n'est pas
substantia ne peut prétendre être au sens plénier et, strictement,
n'est simplement pas.

Nous pouvons donc conclure sur le deuxième point : par
rapport à Dieu, l'homme n'est (pas plus qu'aucune créature) une
substantia, faute de pouvoir prétendre s'assurer par soi la
moindre subsistance dans la présence. Ainsi, n'est-ce que par
contraste avec la non-subsistance du créé que l'on peut, à la
rigueur, attribuer (comme une négation de la non-subsistance
du créé) la *substantia* à Dieu, en un sens négatif seulement ou
plutôt *dénégatif.* Ainsi, si l'on peut bien dire *substantia tua*
(*Confessiones,* VII, 11, 3, et IV, 6), il faut la comprendre par opposition à la non-*substantia* du mal :

« ... quaesivi quid esset iniquitas, et non inveni substantiam, sed a
summa substantia, te Deo, detortae in infima voluntatis
perversitatem.

– ... j'ai cherché ce qu'était l'iniquité et je n'ai trouvé aucune
substance, mais au contraire la perversion vers le bas d'une volonté
détournée de la substance suprême, de toi, Dieu» (*Confessiones,*
VII, XVI, 22).

D'où cependant provient cet usage pour ainsi dire non
ontologique de *substantia* ? Il a une origine d'abord biblique,
comme en témoigne l'*Enarratio in Psalmos,* 68, 1, 4-5. Soit le
commentaire du verset 68, 3, selon la *Vetus Latina* (et, pour une
fois, la Vulgate) : « Infixus sum in limo profundi et non est substantia », traduisant ὑπόστασις dans la Septante. Le commentaire pose parfaitement la problématique. – D'abord (68, 1, 4), la
substantia se trouve réduite strictement au fait de se tenir
stable :

« Quid est *non est substantia ?* Numquidnam ipse limus non est substantia ? An ego inhaerendo factus sum non esse substantia ?

– Qu'est-ce que *ce n'est pas une substance ?* Sinon que le limon n'est pas une substance ? Sinon que moi aussi, en m'y tenant, je suis devenu une non-substance ? » (PL 36, 843).

Je ne suis pas *substantia,* parce que je prends pied et appui sur ce qui n'offre aucune stabilité, le limon. Ni lui, ni donc moi ne sommes des substances, puisque nous ne nous tenons pas fermement. Non seulement *substantia* se réduit strictement à la stabilité, à la demeurance en soi[21], mais surtout elle ne se fait reconnaître que par son défaut et ne brille que par son absence :

« Unde ergo non sum substantia ? An limus ille non est substantia ? Intelligamus ergo, si potuerimus, quid sit et non est substantia ?

– D'où vient donc que je ne suis pas substance ? Ne serait-ce pas que c'est le limon lui-même qui n'est pas substance ? Tentons de comprendre, si nous le pouvons, ce qu'est et n'est pas la substance » *(ibid.).*

En fait, il faudrait comprendre la *substantia* par défaut, dénégativement, comme l'absence même de subsistance. Ce qui implique de lui trouver une acception plus empirique que celle d'une ontologie, toujours formelle. Et donc de retrouver aussitôt l'acception préphilosophique du terme : *substantia* au sens de la richesse, du bien foncier et de sa possession.

« Substantia quippe dicitur et divitiarum, secundum quam dicimus "habet substantiam" et "perdidit substantiam".

– Substance se dit aussi des richesses, comme lorsque nous disons "il a du bien", et "il a perdu son bien"[22] ».

Et par suite :

« Potest etiam secundum verbi intellectum accepi sensus iste [...] ad paupertatem.

21. L'hébreu מעמד utilise d'ailleurs bien la racine indiquant la station, עמד.
22. PL 36, 844. Voir le commentaire d'Exode 12, 37-40 en PL 34, 610. On retrouve ce même emploi de οὐσία en Luc 15, 12 (voir *Dieu sans l'être,* III, 4, Paris, 1982¹, p. 145).

– Selon le sens de ce terme, il peut aussi se prendre pour dire la pauvreté » *(ibid.)* ;

autrement dit, la *substantia* signifie *pour nous,* les créés, la *non-*subsistance au sens de la pauvreté :

> «An forte qui ille ipse limus paupertas erat et divitiae non erant, nisi quando aeternitatis participes effecti fuerimus ? Tunc sunt enim verae divitiae quando nobis nihil deerit.
>
> – Ou bien c'est le limon lui-même qui était pauvreté, et n'y avait-il de richesses qu'autant que nous étions faits participants de l'éternité ? Car elles ne sont de véritables richesses que quand rien ne nous manque » *(ibid.).*

Pauvreté que saint Augustin va d'ailleurs aussitôt comprendre théologiquement sur le modèle de la kénose du Christ (Philippiens, 3, 6-8 et son imitation par les fidèles en 2 Corinthiens, 8, 9). La *substantia* ne s'applique donc à nous, et encore dénégativement, qu'au sens de la pauvreté de la stance, du manque de la stabilité.

Peut-on pourtant lui maintenir aussi et tangentiellement un sens philosophique ? Car il reste encore une acception inusitée *(res inusitata, verbum inusitatum).* C'est ce qu'examine la suite du texte (68, 5). Admettons le sens ontologique de *substantia* : « Intelligitur alio modo substantia, illud quod sumus quidquid sumus. – Substance s'entend d'une autre manière, comme ce que nous sommes, quoi que nous soyons » ; on en conclura que « Dicitur homo, dicitur pecus, dicitur terra, dicitur coelum, dicitur sol, luna, lapis, mare, aer : omnia ista substantiae dicuntur, eo ipso quod sunt. Naturae ipsae substantiae dicuntur. Deus est quaedam substantia ; nam quod nulla substantia est, nihil omnino est. – L'homme, le bétail, la terre, le ciel, le soleil, la lune, la pierre, la mer, l'air : toutes ces choses sont dites des substances du simple fait qu'elles sont. Dieu est une certaine substance ; car ce qui n'est aucune substance n'est pas du tout » *(ibid.).* Être équivaut donc à être substance, mais quoi donc est assez pour mériter ce titre ? Évidemment Dieu, ne serait-ce que parce que les trois de la Trinité *unius esse substantiae,* chacun étant de la *(même)* substance (au contraire des hommes, qui précisément sont *des* hommes différents, et pas l'unique et même substance *homme*), encore qu'ils soient respectivement Père, Fils et Esprit selon la relation *(secundum id quod ad aliud)*. Mais l'homme mérite-t-il le titre de substance ? En un sens, l'homme fut créé une substance et le resta aussi longtemps qu'il a pu ne pas tomber de sa condition initiale ; mais depuis la chute, il n'a plus rang de substance :

> « Deus fecit hominem ; substantiam fecit ; atque utinam maneret in eo quod Deus fecit ! Si maneret homo in eo quod Deus fecit, non in illo infixus esset quem Deus genuit. Porro autem quia per iniquitatem homo lapsus est a substantia ipsa in qua factus est (iniquitas quippe ipsa non est substantia ; non enim iniquitas est natura quam formavit Deus, sed iniquitas est perversitas quam fecit homo) : venit Filius Dei ad limum profundi et infixus est. Et non est substantia in qua infixus est, quia in iniquitate illorum infixus est. [...] Naturae omnes per illum factae sunt ; iniquitas per ipsum facta non est, quia iniquitas facta non est. Substantiae illae per eum factae sunt, quae laudant eum.

> – Dieu a fait l'homme ; il l'a fait substance ; que n'est-il resté là où Dieu l'avait fait ? Si l'homme était resté là où Dieu l'avait fait, ne serait-il pas fixé dans ce en quoi Dieu l'avait engendré ? Mais par son injustice l'homme est tombé du rang de substance où il avait été fait (l'injustice n'est pas la substance elle-même ; car la la nature qu'a formée Dieu n'est pas injuste, mais est injuste la perversion qu'en a faite l'homme) ; le Fils de Dieu est venu dans le limon et s'y est fixé. Et ce n'est pas dans la substance qu'il s'est fixé, mais dans leur injustice [...]. Toutes les natures ont été faites par Lui, mais pas l'injustice, puisque l'injustice n'a pas été faite du tout. Mais les substances faites par lui, ce sont elles qui le louent » *(ibid.,* 845).

Ainsi, l'homme, qui fut créé substance, a perdu sa stance par son iniquité. Le Christ est donc venu se fixer dans la non-substance, dans la pauvreté de stance où l'homme muable passe et trépasse, pour y restaurer des substances, qui puissent louer Dieu. Ici l'homme ne perd sa substance que par iniquité et ne la retrouve que pour louer. Comment mieux dire que la substance ne relève pas de l'ontologie[23] ?

23. Une autre origine biblique de *substantia* : commentant *Exode* 12, 38 (selon la *Vetus Latina*), saint Augustin remarque que ce terme latin n'a ici rien de philosophique, puisqu'il traduit un terme grec lui-même parfaitement

Ainsi, *substantia* n'a qu'un usage négatif pour le créé et dénégatif pour Dieu trine, ne trouvant jamais l'usage positif et dogmatique d'une détermination catégorique de l'être de l'étant créé, encore moins de l'être de l'étant incréé (à supposer qu'il s'en trouve un dans le cas de Dieu dans la vision et la visée de saint Augustin). Ces usages de *substantia* ne peuvent donc servir d'argument pour inclure saint Augustin dans l'horizon de la métaphysique.

---

banal : « Ibi enim graecus ἀποσκευήν habet, ubi *substantiam* latinus inter- pretatus » (*Quaestiones in Heptateuchum,* II, 47, PL 34, 610, la Vulgate a *armenta et animantia*). Comme c'est aussi le cas, note-t-il en *Genèse* 43, 8 (Judas à son père Jacob : « .... non moriamur et nos et tu et substantia tua », Vetus Latina, la Vulgate a *ne moriamur nos et parvuli nostri,* dans les deux cas traduisant ἀποσκευή dans la Septante).

Index nominum

Auteurs anciens et médiévaux

Auteurs modernes

Liste des contributeurs

Olivier Boulnois. – EPHE, Vᵉ Section, Paris.
Laboratoire d'études sur les monothéismes (CNRS, UMR 8584).

Vincent Carraud. – Université Paris-Sorbonne (Paris IV).
Centre d'études cartésiennes.

Emmanuel Falque. – Faculté de philosophie, Institut catholique de Paris.

Alain de Libera. – EPHE, Vᵉ Section, Paris.
Université de Genève.

Jean-Luc Marion, de l'Académie française.
Université Paris-Sorbonne (Paris IV) ;
Institut catholique de Paris ;
University of Chicago.

Jean-Luc Nancy. – Université de Strasbourg.

Christian Sommer. – Archives Husserl (CNRS-ENS, UMR 8547).

TABLE DES MATIÈRES

Achevé d'imprimer le 23 décembre 2019
sur les presses de
La Manufacture - Imprimeur – 52200 Langres
Tél. : (33) 325 845 892

N° imprimeur : 191861 - Dépôt légal : avril 2013
Imprimé en France